Die letzten Nomaden

Ewiger Knoten
Symbol für Unzerstörbarkeit und Festigkeit

Robert C. Schmid Oswald Bendl

Die letzten Nomaden

Vom Leben und Überleben der letzten Hirtenvölker Asiens

Verlag Styria

Die Deutsche Bibliothek - CIP Einheitsaufnahme
Schmid, Robert C.:
Die letzten Nomaden : vom Leben und Überleben der letzten
Hirtenvölker Asiens / Robert C. Schmid. –
Graz ; Wien ; Köln : Verl. Styria, 1997
ISBN 3-222-12537-6

Graphische Gestaltung: indigo! Werbeagentur Wien, Konstanze Friedl
Umschlagbild: Pferdenomaden beim Umzug in der Wüste Gobi
Druck und Bindung: kb-offset Kroiss & Bichler GmbH, Druckereibetriebe
ISBN 3-222-12537-6

Inhalt

Einleitung

Sechs Jahre lang waren die beiden Autoren Robert C. Schmid und Oswald Bendl in Steppen, Hochgebirgsregionen und Wüsten Zentralasiens unterwegs, um die letzten Hirtennomaden zu besuchen.

Als Nomaden der Neuzeit, so wie sich beide Autoren selbst bezeichnen, folgten sie den Hirtenvölkern Zentralasiens auf ihren Wanderungen und Streifzügen. Neun Expeditionen und mehrere Reisen quer durch Zentralasien unternahmen Robert C. Schmid und Oswald Bendl für den vorliegenden Bildband. Es war nicht immer einfach, die dafür erforderlichen Genehmigungen zu erhalten. Immer wieder mußten besondere Genehmigungen der örtlichen Behörden eingeholt werden, oft wurden bereits erteilte Genehmigungen widerrufen.

Es ist ein eigenartiger Zauber, den diese Welt verströmt. Bewundernswert und faszinierend, wie die Menschen den alltäglichen Lebenskampf meistern, die Gelassenheit und Selbstverständlichkeit, mit der die für Menschen der westlichen Welt fast unvorstellbaren Strapazen ertragen werden. So unterschiedlich wie die Landschaftsformen Zentralasiens sind auch die Vorstellungen seiner Menschen. Im Gegensatz zu den Bewohnern der westlichen Welt, die durch den Einsatz von Technologie die Naturgewalten zu beherrschen trachten, achten und verehren die Nomaden sie. Viele der alten Gottheiten, die sie auf ihrem Weg durch die Jahrhunderte begleiteten und viele der frühzeitlichen Glaubensvorstellungen haben sich daher bis in die heutige Zeit erhalten. Bis heute ist für sie die Welt der Berge und Gletscher, der Wüsten und Hochsteppen von Göttern und Dämonen beherrscht. Das Leben der letzten Hirtennomaden kann uns nur verständlich werden, wenn wir bereit sind, es mit ihren Augen zu betrachten. Je länger man sich in Zentralasien aufhält, umso stärker zieht einen dieses Gebiet in seinen Bann, umso mehr fühlt man die Heiterkeit der Seele, die seine Bewohner auszeichnet. Eine Lebenshaltung, die diese Menschen so einzigartig macht. Nichts, was sie tun, ist überflüssig, nie vergeuden sie ihre Kräfte. Sie haben nicht versucht, sich ihren Lebensraum untertan zu machen, sie haben ihren Platz gefunden.

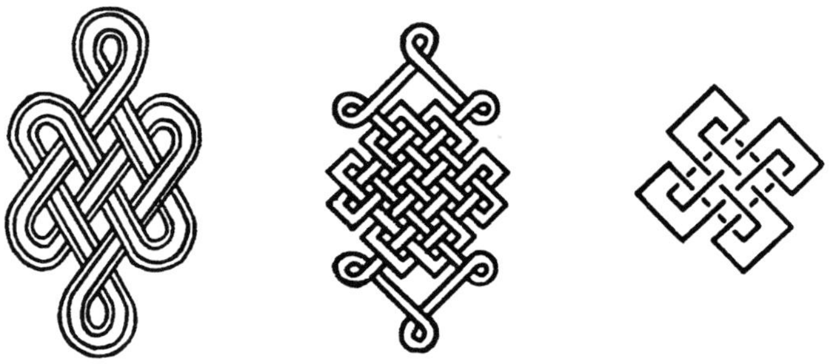

Ewiger Knoten in diversen Ausprägungen, rechts zu Swastika ausgeformt

Erstes Kapitel

Tsaatan

Rentiernomaden in der Tundra

Die Tsaatan, die letzten Rentiernomaden der Erde, gehören einem Turkvolk, den Tuva, an. Traditionellerweise sind die Tsaatan Vollnomaden, deren Existenzgrundlage Rentierherden sind. Ihre Zahl ist äußerst gering, man schätzt sie auf ungefähr nur 80 Männer, Frauen und Kinder. Eigentlich sind sie die letzten wahren Tuva – der Rest des Tuvavolkes, etwa 130.000 Personen, lebt in Rußland in der autonomen Republik Sibirien und hat die vollnomadische Lebensweise fast zur Gänze aufgegeben. Die Tsaatan wiederum leben in der nördlichen Mongolei, und zwar im Übergang der unwegsamen Gebirgswelt der Tundra zur Taiga, in etwa 2500 bis 3000 Meter Höhe, ein Lebensraum, der zu den unwirtlichsten der Welt gehört. Ihren heutigen Namen gaben ihnen die Mongolen; er bedeutet soviel wie „die, die Rentiere haben“. Sie selbst nennen sich Sojon-Uriangchaj. Das Rentier bildet nicht nur die Grundlage ihres Namens, sondern auch ihre Ernährungsbasis. Die Natur bietet den Herden pflanzliche Nahrung, und die Rentiere liefern ihrerseits den Tsaatan Milch, Käse und Fleisch. Als Hirtennomaden sind sie die Bewahrer einer uralten Tradition, die bis in die Bronzezeit zurückreicht. Ihr Weltbild läßt sie das

Universum als eine lebendige Gemeinschaft begreifen, in der alle Wesen, sichtbare wie unsichtbare, in harmonischer Wechselwirkung zueinander stehen.

Schneestürme im Winter mit Temperaturen um minus 45 Grad Celsius, das erwartet Tsaatankinder, wenn sie auf die Welt kommen. Aber nicht nur das, sondern auch ein Wanderleben, bei dem alle paar Wochen die Zelte abgebrochen werden und man sich wieder einmal auf Wanderschaft begibt. Man folgt den Rentieren zu neuen Weidegründen. Als Tsaatan muß man aus einem besonderen „Holz" geschnitzt sein, um in dieser Gegend überleben zu können. Den kalten Winter verbringen sie, in Fellbekleidung gehüllt, in der Jurte am Lagerfeuer. In dieser Jahreszeit gibt es nur wenig Platz für Kinderspiele. Erst das Frühjahr bringt ihnen die große Freiheit des Spielens zurück. Die Tsaatan sehen ihre Kinder als Hoffnungsträger und Bewahrer ihrer Tradition. Deshalb wird ihnen viel Zeit gewidmet, und gemeinsam liebt man das allabendliche Spiel mit Tierknochen, die einerseits als Würfel dienen und anderseits als Dominosteine verwendet werden. Wie bei vielen Steppenvölkern Zentralasiens ist es bis heute üblich, daß die Alten von ihren Kindern mitversorgt werden. In einer intakten Jurtengemeinschaft leben die Eltern mit zumindest einem ihrer Söhne. Oft reicht der Rentierbestand gerade aus, um alle mit den wichtigen Grundnahrungsmitteln Milch und Fleisch zu versorgen.

Die Tsaatan sind Vollnomaden und wechseln alle 20 Tage ihre Lagerplätze. Nur während der kalten Wintermonate ziehen sie zu geschützten, niedriger gelegenen Stellen am Fuß der Berge oder in schmale Gebirgstäler. Dort bleiben sie dann auch bis zu drei Monate lang auf einem Platz. Nur so ist die Erhaltung des Viehbestandes möglich, denn die Tiere haben nicht nur mit den enormen Temperaturen unter dem Gefrierpunkt, sondern auch mit dem Ernährungsmangel zu kämpfen. So folgen sie stets den Rentieren auf der Suche nach neuen Tälern und machen Halt, wo die von den Tieren bevorzugten Moose und Pilze zu finden sind. Die Tsaatan, ebenso wie ihre Rentiere, fürchten die Schneeleoparden und Wölfe als ihre einzigen Feinde. Auf den ständigen Wanderungen versuchen sie, ihnen immer wieder zu entkommen. Wander-

und Jagdterritorien sind streng von jenen anderer Familienclans abgegrenzt, so daß von vornherein Streitigkeiten ausgeschlossen werden können. Der Abbau der Zelte und das Verstauen der persönlichen Habe werden mit großer Umsicht erledigt. Der Ofen mit dem lebenswichtigen Feuer bleibt bis zum Aufbruch stehen, denn vor jedem neuerlichen Ortswechsel wird nochmals Tee getrunken. Das Feuer hat jedoch auch noch eine andere, viel wichtigere Bedeutung für die Tsaatan. Die Geister des Feuers vermitteln die Wünsche der Lebenden nach Gesundheit, Jagdglück und Schutz der Herde und stellen die Verbindung zu den Verstorbenen, dem Jenseits und den Göttern im Himmel her. Das Feuer ist das Element der Reinigung und schafft so Raum für neue Erkenntnisse und Gedanken. Die Jurte der Tsaatan gleicht dem Zelt der nordamerikanischen Indianer, allerdings besitzen sie den Vorreiter des klassischen Tipi. Das Urts – so wird ihre Jurte genannt – ist mit Leder, Fellen und Filzen, teilweise auch mit Birkenrinde bedeckt und durch junge Fichtenstämme gestützt. Jeweils drei Stämme werden zu einer Pyramide zusammengestellt und am oberen Ende mit Lederbändern verbunden. Daran werden die restlichen Stangen im Kreuz zueinander gelegt. Nicht besonders dicht, aber widrigen Umweltbedingungen standhaltend bietet das Urts vier bis sechs Personen Schutz und Wärme. Auf prunkvolle Eingänge, wie bei vielen anderen Nomadenstämmen der Mongolei, wird verzichtet. Ein Teil der Zeltplane wird einfach umgeschlagen und mit einem Seil gegen den Wind gesichert.

In der Mitte befindet sich ein kleiner Ofen, in dem das Feuer brennt, das die nötige Wärme zum Überleben verströmt. Das Familienleben findet stets rund um den Ofen statt. Aber Mußestunden gibt es nur am Abend, und das ist die Zeit, wo alle ermattet von den Anstrengungen des Tages im Kreise der Familie Entspannung suchen. Erlebnisse, Geschichten und Gesänge aus vergangenen Zeiten prägen die Kommunikation des Abends. Für die Tsaatan ist der Gesang eine besondere Art der Kommunikation mit Tieren, dem Wind, dem Donner, dem Regen und den Naturgeistern. Die Tsaatan versuchen Tierstimmen zu imitieren und haben es dabei zu einer erstaunlichen Meisterschaft gebracht. Das Familienoberhaupt wacht auch nachts über das wärmende und lebenserhaltende Feuer. Wurzeln, Flechten und Rentierdung dienen als Heizmaterial, das von Frauen und Kindern täglich neu gesammelt, luftgetrocknet und anschließend vor dem Zelt gelagert wird. Der Dung ist, entgegen anderer Annahmen, geruchlos und besitzt einen hervorragenden Brennwert.

Das materielle Gut der Tsaatan ist äußerst bescheiden. Entsprechend ihrer vollnomadischen Lebensweise besitzen sie nur so viel, wie man zum Überleben braucht: ein Zelt, einen Ofen, ein paar Töpfe sowie Felldecken zum Schlafen und ein Gewehr für die Jagd. Alles weitere wäre nur nutzloser Ballast, den man stetig mittragen müßte. Was braucht man auch mehr zum Leben, besser gesagt zum Überleben? Die Zukunft ist ungewiß, und die Gegenwart ruft tagtäglich zum Kampf ums Überleben auf. So ist es besser, sich nicht mit zu vielen Sachen, und das noch dazu gleichzeitig, zu beschäftigen. Materialismus ist nicht ihre Welt. Sie sehen darin keinen Nutzen, schließlich muß alles immer wieder zusammengepackt und mitgenommen werden.

Als Mittler zwischen der realen und der jenseitigen Welt, zwischen Naturgewalten und Göttern, dienen den Tsaatan die Schamanen. Diese üben in der Gesellschaft gleich mehrere Funktionen aus. Sie sind Heiler, Wettermacher, Wahrsager, Astrologen, Jagdbeschwörer und Zeremonienmeister. Jedem Schamanen – und natürlich auch jeder Schamanin – stehen persönliche Schutz- und Hilfsgeister aus der anderen Wirklichkeit zur Seite. Beim Tod eines der Sippenmitglieder begleitet der Schamane die Totenseele ins Jenseits. Der gleichbleibende Rhythmus der „Dunger", der großen Trommel, versetzt die Schamanen in Trance, in der sie mit lauter Stimme die Götter um Schutz bitten. In diesem Trance- bzw. Ekstasezustand kann der Schamane den eigenen Körper verlassen und in das Reich der Seelen reisen, um dort mit guten Geistern, Ahnen, aber auch Dämonen über das Heil und Wohl der Menschen zu verhandeln. Bedeckt von einem schweren Mantel, geschmückt mit bunten Bändern und Metallblättchen, versehen mit einer Mütze mit Adlerfedern als Kopfschmuck tanzt und singt der Schamane, um die Hilfsgeister herbeizulocken. Adler gelten in der Vorstellung der Tsaatan als die Verkörperung verstorbener Schamanen. Geister lieben das Schöne, und so versucht der Schamane durch seinen Gesang und durch seine besondere Art der Bekleidung die Geister herbeizurufen und mit ihnen Kontakt aufzunehmen. Im Zustand der Trance tritt der Schamane in Kontakt mit seinen Hilfsgeistern und den krankmachenden Dämonen, bis er sie schließlich mit seiner Trommel einfängt, um die einen um Schutz und Hilfe zu bitten und um die anderen unschädlich zu machen. Hilfe und Schutz wird sowohl für die Menschen erbeten, damit sie unbeschadet die kalte Jahreszeit überstehen und in ihren Traditionen weiterleben können, als auch für die Rentiere, damit sie den Schneeleoparden und Wölfen entkommen. Die westliche Medizin hat in dieser abgelegenen Gegend noch nicht Einzug gehalten. So übernimmt der Schamane die Funktion des Heilers. Krankheiten werden von den Tsaatan materialisiert, und der Schamane versucht, sie durch Gesänge und Zauberformeln aus dem erkrankten Körper zu verjagen. Sowohl Männer als auch Frauen können zum erblichen Schamanen berufen werden. Die Anzeichen der Berufung zeigen sich in außergewöhnlichen körperlichen Merkmalen und in ungewöhnlichen Verhaltensweisen. Auch sprechen die Tsaatan von einer eigenen Schamanenkrankheit, die in der westlichen Medizin oft mit Epilepsie verglichen wird. In erster Linie obliegt dem Schamanen die Aufgabe, die Seelen der Kranken wieder mit Körper und Geist in Harmonie zu bringen und die Balance zwischen beiden herzustellen. Die Heilung erfolgt zuerst auf spiritueller Ebene, in weiterer Folge erst werden therapeutische Maßnahmen beim Patienten durchgeführt. Die Erstellung einer Diagnose und eines Heilungsprogrammes für den Patienten beenden die schamanische Sitzung. Heilungszeremonien können Stunden bis Tage dauern. Der Schamane hört nicht eher auf, bis ein Erfolg eingetreten ist. Zu seinen Aufgaben gehören aber auch die Sicherung des Jagdglücks und das Wohlergehen der Herde.

In der Jurte eines Schamanen befindet sich im nördlichen und zugleich vornehmsten Teil ein Altar, an dem an einer Schnur aufgereihte Stoffbahnen hängen. Auch Ongons, das sind Ahnengeister in Form kleiner Puppen aus Stoff und Fell, befinden sich hier. Von ihnen erhält der Schamane die Kraft zum Heilen. Je zahlreicher und mächtiger die Ongons sind, umso mächtiger ist auch der Schamane. Der Altar wird nur für die schamanische Séance aufgehängt und anschließend wieder sorgfältig zusammengerollt und weggepackt. Das schamanische Weltbild der Tsaatan, das mit der Beseelung von Natur und Umwelt einhergeht, ist immer noch lebendig. Ihr animistischer Glaube personifiziert Naturkräfte, und so besitzen neben Tieren, Seen, Flüssen auch die Gestirne am Himmel eine Seele, die mit Respekt bedacht wird. Den Himmel sehen die Tsaatan als männlich an, denn er bringt Licht und Feuchtigkeit auf die Erde, die ihrerseits als weiblich betrachtet wird, denn sie schenkt allem Lebenden Fruchtbarkeit und Nahrung. Jeden Tag bringen die Tsaatan der aufgehenden Sonne ein Milchopfer dar, wobei Milchtee in alle vier Himmelsrichtungen versprengt und der Rest ins Herdfeuer gegossen wird. Damit sollen die Geister und Götter veranlaßt werden, einen erfolgreichen Tag und den Schutz der Menschen und ihrer Herde zu beschwören.

Die Tsaatan verstehen es optimal, mit hohem ökologischen Bewußtsein, angepaßt an die Natur, zu überleben. Ihre Lebensgrundlage und gleichzeitig auch ihr einziges Kapital sind die Rentiere. Sie liefern ihnen Milch, Käse, Fleisch, Leder und Knochen. Die Ernährung der Tsaatan besteht fast ausschließlich aus Milchprodukten, Beeren und Fleisch. Entgegen modernen ernährungswissenschaftlichen Erkenntnissen überleben sie trotz einseitiger Ernährung. Sie ernähren sich von dem, was ihnen Mutter Natur bietet. Die Rentiere finden die besten Weidegründe und liefern den Tsaatan Milch, die zu Joghurt und Käse verarbeitet wird. Diesen Zustand könnte man fast als eine Art Symbiose zwischen Tier und Mensch betrachten. Die Tiere dienen sowohl als Trage- und Lasttiere, aber auch als Reittiere. Das Reiternomadentum entwickelte sich dank der Erfindung des Sattels in Zentralasien. Ganz in der großen Tradition der Reiternomaden werden auch von den Tsaatan die Rentiere gesattelt. Kurze Ritte jedoch werden von jung und alt selbstverständlich ohne Sattel durchgeführt. Als Zaumfessel dient eine Schnur. Mit großer Geschicklichkeit bewegen sich die Rentiere in dieser unwegsamen Gegend voran. Mit jedem Tritt testen sie zuerst, ob sie in den von Flechten und Moosen bewachsenen Boden einsinken. Die Sümpfe bergen eine große Gefahr für Rentier und Reiter in sich, aus der sie sich nur mit viel Aufwand und gelernter Technik befreien können. Kleine Kinder, die noch nicht selber reiten können, werden besonders sorgsam in wattierte Mäntel – Deel genannt – gehüllt, um dann in einem kreuzförmigen Holzgestell, das sie vor herabhängenden Ästen und Zweigen schützt, auf dem Rücken der Rentiere transportiert zu werden.

Die Domäne der Frauen ist die Sammeltätigkeit und die Joghurt- und Käseerzeugung. Sie sammeln vor allem Wildzwiebeln und Zedernnüsse, wobei letztere als wohlschmeckende Köstlichkeit den ganzen Tag hindurch gegessen werden. Am Abend, wenn die Herde von den Hochweiden zurückkommt, werden die zum Melken vorgesehenen Rentiere angebunden und gemolken. Als Milchbehälter verwenden die Tsaatan Holzgefäße und Rindensäcke. Aus der Milch wird täglich Joghurt erzeugt. Da es keine Kühlgelegenheit gibt, muß die frisch gewonnene Milch sofort weiterverarbeitet werden. Beim Rentierkäse ist es ein bißchen einfacher, denn dieser kann in getrocknetem Zustand Monate halten, doch ist er frisch beliebter. Die Jagdtätigkeit, die Domäne der Männer, ergänzt den kargen Speiseplan von Milch und Käse. Gejagt werden wegen ihres Fleisches, aber auch wegen ihrer Felle und Häute vor allem Hirsche, Zobel, Nerze, Wölfe und Braunbären. Oft sind die Männer tagelang unterwegs, um der Fährte von Hirschen oder Wölfen zu folgen. Mit hölzernen Signalhörnern locken sie wilde Rentiere und Hirsche in ihre Nähe, um sie ins Visier ihrer veralteten Gewehre zu bekommen. Es kann durchaus eine, manchmal sogar zwei Wochen dauern, bis der Jäger in Schußnähe kommt. Dann läßt sich der Jäger viel Zeit und wartet den richtigen Moment ab, um sein Ziel nicht zu verfehlen. Schließlich wartet der Familienclan auf reiche Beute, und ein Jäger, der ohne Beute zurückkommt, verliert sein Gesicht. Nur ein Teil des erlegten Tieres wird sofort gegessen, der Rest wird zu Trockenfleisch verarbeitet, aufbewahrt und vor dem Verzehr in Wasser aufgekocht. Bei längeren Jagdzügen führen die Jäger immer ausreichend Trockenfleisch und -käse mit sich, von dem sie sich wochenlang ernähren können. So muß die Jagd nie zur Nahrungssuche unterbrochen werden, und die Jäger können zielstrebig der Fährte folgen. Auch die Fischjagd ist bei den Tsaatan nicht unbedeutend, wobei die Fische nicht gefangen, sondern mit Speeren vom Rücken der Rentiere aus erlegt werden. Begegnet der Jäger dem König des Waldes, dem Bären, so ist dem traditionellen Glauben nach in nächster Zukunft ein erfreuliches Ereignis zu erwarten. Nach dem Mythos wurde der Bär im Land der Himmelsleute geboren, und das Sternbild des Großen Bären ist seine Heimat. Die ähnliche Körpersprache von Mensch und Bär weist in der Vorstellung der Tsaatan auf eine enge verwandtschaftliche Beziehung beider Lebewesen hin. Der Bär stieg vom Himmel und wurde zum Vorfahren des Menschen.

Die Behausung der Tsaatan gleicht der Urform des Tipi, dem Zelt der nordamerikanischen Indianer. Das Urts – wie sie ihr Zelt nennen – ist mit Leder, Fellen und Filzen, teilweise auch mit Birkenrinde bedeckt und durch junge Fichtenstämme gestützt.

S. 18/19: Die Rentiere bilden die Lebensgrundlage und das einzige Kapital der Tsaatan. Traditionellerweise werden die Rentiere von den Tsaatan gesattelt und auch geritten.

Das Rentier bildet nicht nur die Grundlage des Namens, sondern auch die Ernährungsbasis dieses kleinen Volkes.

S. 20: Tsaatankinder müssen aus einem besonderen „Holz“ geschnitzt sein, um in dieser Gegend überleben zu können.

Ganz in der großen Tradition der Reiternomaden werden auch von den Tsaatan die Rentiere gesattelt. Kinder lernen schon in frühester Kindheit, auf den Rentieren zu reiten. Mit viel Geschick treiben sie täglich die Herde auf die Hochweiden.

S. 23: Die Jagdtätigkeit ist die Domäne der Männer. Oft sind sie tagelang unterwegs, um der Fährte von Hirschen oder Wölfen zu folgen.

S. 24/25: Aufgrund Ihrer großen Sicherheit und Geschicklichkeit könnte man meinen, Tsaatankinder werden im Sattel geboren. Als Hirtennomaden sind sie Bewahrer einer uralten Tradition, die bis in die Bronzezeit zurückreicht.

Die Tsaatan sind Vollnomaden und gehören einem Turkvolk, den Tuva, an. Sie leben im Übergang der unwegsamen Gebirgswelt der Tundra zur Taiga, in einem Lebensraum, der zu den unwirtlichsten der Welt zählt. Die Tsaatan sehen ihre Kinder als Hoffnungsträger und Bewahrer ihrer Tradition an. Ihnen wird viel Aufmerksamkeit gewidmet.

Fellmützen schützen vor dem eisigen Wind, der in dieser Hochgebirgswelt allgegenwärtig ist. Schneestürme im Winter und Temperaturen um minus 45 Grad Celsius gestalten ein Leben außerhalb des Zeltes sehr beschwerlich.

Jeden Abend, wenn die Rentiere von den Hochweiden zurückkommen, werden sie von den Tsaatanfrauen gemolken. Aus der gewonnenen Milch werden täglich Käse und Joghurt erzeugt.

In einer intakten Jurtengemeinschaft leben vier bis sechs Personen. Ein Würfelspiel aus Tierknochen, welches bei Jung und Alt gleichermaßen beliebt ist, verschönt die allabendlichen Mußestunden.

S. 30/31: Schamanen üben in der Gesellschaft der Tsaatan die Funktion des Heilers, Wettermachers, Jagdbeschwörers und Astrologen aus. Mit der großen Trommel, Dunger genannt, ruft die Schamanin Hilfsgeister herbei und versetzt sich in eine bewegte Trance. Im Trancezustand kann die Schamanin den eigenen Körper verlassen, um im Reich der Seelen mit Geistern und Ahnen Kontakt aufzunehmen.

Täglich müssen die Tsaatan von neuem den Kampf ums Überleben aufnehmen.

Zweites Kapitel

Dsachtschin

Pferdenomaden in der Mongolei

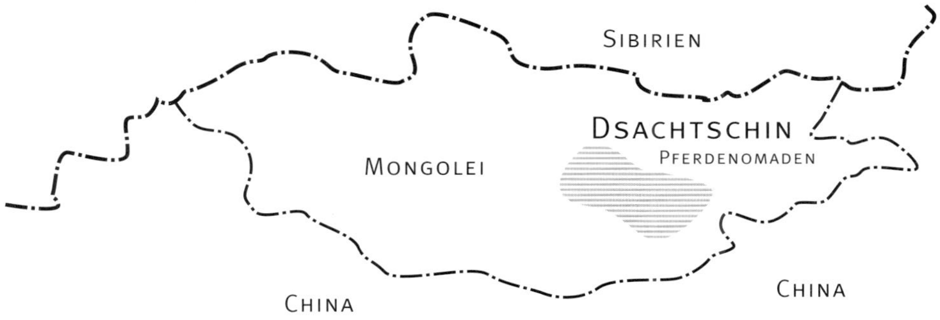

Die Bedeutung, die das Pferd in der Geschichte und der Kultur der zentralasiatischen Völkerschaften hat, kann nicht hoch genug eingeschätzt werden. Vor allem für die Mongolen – nicht zuletzt wegen der geographischen Lage des Landes mit seinen weiten Steppen und langgezogenen, sanften Hügeln – war und ist auch heute noch das Pferd Lebensgrundlage, Freund und Prestigeobjekt. Wer kennt nicht Dschingis Khan, den berühmt-berüchtigten Weltherrscher? Er einte im ausklingenden 12. Jahrhundert die mongolischen Stämme und erkannte deren unglaubliches Geschick im Umgang mit ihren Pferden. Er führte sie hinaus, eroberte und unterwarf große Teile Asiens und schuf ein Weltreich, das vom Pazifik bis zum Schwarzen Meer reichte. Auf ihren kleinen, schnellen und ausdauernden Pferden drangen die mongolischen Reiter bis in das heutige Polen vor. 1241 besiegten sie in der Schlacht bei Liegnitz die deutschen Ritter. Sie drangen tief in das chinesische Reich ein, und der Enkel Dschingis Khans, Kublai Khan, verlegte 1271 sogar die Hauptstadt von Karakorum nach Peking. Es dauerte fast 100 Jahre, bis es den Chinesen gelang, sie wieder zu vertreiben.

Immer waren es die Pferde, die in einem Atemzug mit den Mongolen genannt wurden, diese kleinen, stämmigen und ausdauernden Pferde, an denen die Achtung und Liebe der Mongolen hängt. Mongolische Pferde haben ein Stockmaß von höchstens 140 Zentimetern bei einer Körperlänge von etwa 150 Zentimetern. Das Durchschnittsgewicht eines gut genährten männlichen Tieres liegt bei etwa 350 Kilogramm.

Mensch und Tier bilden eine Einheit, die ihresgleichen sucht. Kleine Kinder sind, noch bevor sie richtig gehen können, schon auf dem Pferderücken zu Hause. Lächelnd erzählen die Mongolen von sich, daß sie leider über die Namen ihrer Urgroßeltern und Großeltern nicht so genau Bescheid wissen, jedoch sind die Namen der Ahnen und Urahnen ihrer Pferde sowie deren Großtaten allen ein Begriff. Mongolische Nomaden gehen nicht gerne zu Fuß und Dsachtschin schon gar nicht. Neben der klassischen mongolischen Behausung, der Filzjurte, sind daher an einem Seil, das zwischen zwei Pflöcken oder Stangen gespannt ist, den ganzen Tag über Pferde angebunden. Mindestens eines davon ist immer gesattelt. Man hat damit stets ein Pferd zur Hand, um zu den Herden reiten zu können, falls etwa ein Notfall schnelles Reagieren erforderlich macht. Alle übrigen Tiere weiden irgendwo unbeaufsichtigt, bis sie eines Tages ausgewählt werden, um ihren Dienst für die Nomaden zu versehen. Reitpferde werden alle ein bis zwei Wochen ausgewechselt. Aufgrund der spärlichen Vegetation finden die Tiere, wenn sie bei der Jurte bleiben müssen, nicht genug Futter und bauen ihre Kraftreserven rasch ab. Das Austauschen der Tiere stellt eine beliebte Abwechslung im Alltag dar. Meistens sind es die jungen Männer, die mit der Urga, einer langen Stange, an deren Ende eine Schlinge befestigt ist, hinausreiten, um ausgeruhte, kräftige Pferde aus der Herde auszuwählen. Geschickt umkreisen sie die Herde und entscheiden sich bald für ein Tier. Das Pferd versucht zu fliehen und rast davon. Aber einer der jungen Nomaden treibt sein Pferd noch mehr an, erreicht das davonjagende Tier, und schon legt sich die Urga um dessen Hals. Die Schlinge zieht sich nicht zu, sondern bremst nur den Lauf des eingefangenen Tieres. Die anderen, die ebenfalls herbeigeeilt sind, haben dem Tier in bewundernswerter Schnelligkeit Sattel und Zaumzeug übergeworfen und fixiert. Einer der jungen Männer schwingt sich sofort in den Sattel und beginnt, dem Tier seinen Willen aufzuzwingen. Sind alle benötigten Pferde eingefangen, beginnt für die bisher als Reittiere verwendeten Pferde wieder die Zeit der völligen Freiheit.

Heute leben in der Mongolischen Volksrepublik etwa zwei Millionen Menschen und rund zweieinhalb Millionen Pferde – und das auf einer Fläche von 1,560.000 Quadratkilometern! Es ist somit eines der am dünnsten besiedelten Gebiete der Erde. Aber auf jeden dort lebenden Menschen kommt im Durchschnitt etwas mehr als ein Pferd. Auch heute noch ist in den unendlichen Weiten der Mongolei ein Leben ohne Pferd undenkbar. Sich auf sein Pferd verlassen zu können, ist vor allem eine Frage des Überlebens.

Vor allem der Winter, der im Oktober beginnt und sich bis in den April hinzieht, macht in dieser Region Mensch und Tier zu schaffen. Es herrschen extreme Bedingungen, oft werden Temperaturen bis minus 40 Grad Celsius gemessen. In den Weiten der Steppe bläst immer ein starker Wind. Dieser Wind ist es, der die Kälte verschlimmert und fast unerträglich macht. Minus 40 Grad Celsius werden bei einer Windgeschwindigkeit von 40 Stundenkilometern wie minus 76 Grad Celsius empfunden! Ein Stück Fleisch kann unter diesen Bedingungen binnen 30 Sekunden gefrieren! Im Winter ist der Boden bis tief unter die Oberfläche gefroren, da die Niederschläge fast gänzlich fehlen. Der kurze Sommer bringt zwar Tagestemperaturen von bis zu plus 25 Grad Celsius, aber in den Nächten kühlt es bis knapp über den Gefrierpunkt ab. Dadurch kann der Boden auch im Sommer nur oberflächlich auftauen. Nirgendwo auf der Welt erstreckt sich der Dauerfrostboden so weit nach Süden wie in dieser Gegend. Durch den starken Frost werden die stehengebliebenen Halme rasch tiefgefroren und behalten dadurch ihren Nährwert. Ein Überleben der Herdentiere ist erst aufgrund dieses Umstandes möglich.

Weiter nach Süden hin nimmt die Vegetationsdichte vorerst zu, um dann in ein anderes Extrem, die Wüste Gobi, überzugehen. Das Weidegebiet der

Dsachtschin ist äußerst karg. Die Gewächse, meistens verschiedene Artemisia-Arten, stehen nur vereinzelt und werden fünf bis maximal zehn Zentimeter hoch. Der ständige Wind läßt kein höheres Wachstum zu. Es gibt keinen Baum, keinen Strauch, nichts, um sich vor den Witterungsunbilden zu schützen. Daher ist es lebensnotwendig, bei der Beweidung sehr sorgfältig vorzugehen. Die Plätze mit kräftigem, dichtem Bewuchs müssen für den Winter aufgespart werden. Das restliche Jahr hindurch müssen Lagerplatz und Viehweiden, je nach den äußeren Bedingungen, alle vier bis acht Wochen verlegt werden. In welchem Rhythmus der Weidewechsel stattfindet, wann das Lager abgebrochen wird und vor allem in welchem Gebiet es wieder aufgebaut wird, bestimmt das Familienoberhaupt. Die Karawanenführerin ist traditionsgemäß aber eine Frau. Sehr sorgfältig wird darauf geachtet, daß die Herde weiterwandert, bevor alles abgeweidet ist. Die Natur ist sehr sensibel, und eine Überweidung rächt sich bitter und bedeutet im nächsten Jahr Hunger.

Als unter dem Einfluß der mächtigen Nachbarn Rußland und China in den zwanziger Jahren unseres Jahrhunderts versucht wurde, die Dsachtschin in Kollektive zusammenzufassen, kam es sehr bald zu Hungersnöten. Die Bevölkerung verarmte rasch, und die Maßnahme mußte rückgängig gemacht werden. Zu sensibel ist die Natur in diesem Bereich der Erde, und wer gegen diese Regeln verstößt, kann nicht überleben.

Reichtum, wirtschaftliche Basis und Zentrum des täglichen Lebens sind die Herdentiere. Traditionell werden fünf Tierarten gehalten. Neben Pferden und Kamelen sind dies Schafe, Ziegen und Rinder. Derzeit leben in der Mongolei etwa 15 Millionen Schafe, fünf Millionen Ziegen und drei Millionen Rinder, die von Reitern, oft noch im Kindesalter, beaufsichtigt werden. Große Entfernungen müssen im alltäglichen Leben beim Beaufsichtigen der Herden zurückgelegt werden. Die damit verbundenen Strapazen, vor allem während der Wintermonate, sind enorm. Die Nomaden sind bestrebt, besonders im Winter die Herden möglichst dicht beisammenzuhalten, da die Tiere einander dadurch Schutz und Wärme bieten. In der Hoffnung, Futter zu finden, versuchen die Tiere bei diesen extremen Verhältnissen immer wieder, die dünne, festgefrorene Schneeschicht aufzuscharren, was zu gravierenden Problemen an den Hufen der Tiere führen kann. Vor allem für allein stehende Tiere sind Wölfe eine große Gefahr. Auch hier sind es wieder der Winter und das geringe Nahrungsangebot, die den Nomaden besonders achtsam werden lassen. Der Ausfall an Tieren, die den Winter nicht überleben, kann oft das beträchtliche Ausmaß von bis zu einem Drittel des Tierbestandes betragen. Zu spät geborene Ziegen oder Schafe werden daher mit in die Jurte genommen, oder es wird ein eigener Unterstand für sie gebaut. Ohne Umsicht und Fürsorge ist ein Überleben in diesen Weiten nicht möglich. Und so schön diese Landschaft auch ist – das Zusammenfließen von Ebene und Wolken am Horizont, das Schauspiel, das Wind und Wolken bieten, die friedlichen Herden in einer scheinbaren Unendlichkeit –, immer ist die Gefahr allgegenwärtig.

Das Schaf ist das wichtigste Tier in der mongolischen Nutztierhaltung. Zusätzlich zu Wolle, Fleisch und etwas Milch bietet es noch etwas ganz Wesentliches, nämlich die Häute mit dickem Fell, die für das Überleben im Winter notwendig sind. Außerdem ist es das fette Fleisch, das von den Nomaden ganz besonders geliebt wird.

Wird ein Tier geschlachtet, geschieht das möglichst schnell und unter Einhaltung alter Regeln. Jede Verschwendung von Blut ist verboten. Damit das Blut im Körper bleibt, wird im vorderen Teil des Bauches ein kleiner schneller Schnitt gesetzt, blitzschnell mit der Hand hineingegriffen, das Zwerchfell durchstoßen und die Hauptschlagader abgedrückt. Das Tier stirbt sofort und in der Umgebung, in der es frei leben konnte, ohne das unnötige Leid, das Tieren in Schlachthäusern widerfährt. Diese Technik erfordert einiges Geschick, doch das Blut bleibt im Körper und kein Tropfen fällt auf die Erde. Da die buddhistische Lehre bewußtes Töten verbietet, sind vom Schlächter besondere Verhaltensregeln zu beachten, wie etwa Gebete, rituelle Handlungen oder magische Vorkehrungen, um der eigenen und der fremden Seele keinen Schaden zuzufügen. Das im Körper befindliche Blut wird in einen Eimer geschöpft,

Gedärme werden gewaschen, Innereien aufgearbeitet und Wurst erzeugt. Das Fleisch wird je nach Verwendungszweck zerteilt, wobei darauf geachtet werden muß, daß kein Knochen zerbricht und nur an den Gelenken zerteilt wird. Im Sommer geschlachtetes Fleisch wird in der Regel rasch aufgegessen. Im Winter kann Fleisch außerdem vor der Jurte eingefroren werden.

Bei allen Nomaden in der Mongolei wird vorzugsweise nur einmal am Tag, gewöhnlich am Abend, gekocht. Morgens und zwischendurch wird Milchtee getrunken. Dazu werden Milchprodukte oder die Reste vom Vorabend gegessen. Es ist dabei durchaus üblich, die kalten Fleischstücke oder auch kalten Käse in den heißen Milchtee zu tauchen.

Aus Stutenmilch – die Tiere werden nur den Sommer über gemolken – wird das überaus beliebte Getränk Kumiss hergestellt. Kumiss enthält etwa drei Prozent Alkohol, ist also ein leicht alkoholisches Getränk, das, wie die Mongolen behaupten, sehr gesund ist. Die Milch wird bei der Erzeugung in einen großen Ledersack, in dem Reste als Fermentierungsmittel zurückgeblieben sind, gefüllt, immer wieder schaumig geschlagen, bis der Gärungsvorgang abgeschlossen ist. Den ganzen Sommer über wird daher oft und viel davon getrunken.

Wesentlich hochprozentiger ist ein aus Sauermilch oder Joghurt hergestellter Milchschnaps, der Archi genannt wird. Milch wird in einem einfachen Verdampfungsgefäß erhitzt, der aufsteigende Dampf kondensiert am schrägen Deckel und rinnt in einen Topf. Nun wird der Inhalt dieses Topfes erhitzt und der Destilliervorgang wiederholt. Durch oftmaliges Wiederholen kann der Alkoholgehalt erheblich gesteigert werden. Der so entstandene Schnaps darf daher auch keinesfalls unterschätzt werden – er ist hochprozentig.

Stutenmilch wird auch als Heilmittel eingesetzt, sie hilft unter anderem gegen Tuberkulose, wirkt gegen Lungenerkrankungen und bei Erkrankungen des Magen-Darm-Bereiches.

Die Verarbeitung der Milch sowie das Melken der Tiere ist ausschließlich Frauensache. Im Gegensatz zu der in Industrieländern üblichen Stutenmilchgewinnung leben bei den Pferdenomaden die Tiere die meiste Zeit des Jahres in völliger Freiheit und werden nur kurze Zeit während der Sommermonate gemolken. In der Regel dauert die Pferdemelkzeit etwa 30 Tage, in dieser Zeit müssen sich die Tiere in der Nähe der Jurte aufhalten. Den Tieren werden dabei entweder zwei Beine mittels Lederschlaufen so zusammengebunden, daß sie zwar bequem gehen, sich aber doch nicht zu weit von der Jurte entfernen können, oder aber sie werden an einer langen Leine, die an einem Pflock fixiert ist, angebunden. Da es nur einen geringen Pflanzenwuchs und keine Futterbevorratung gibt, sind die Tiere auch in dieser Zeit auf die Eigenversorgung angewiesen. Nach der Melkperiode kehren sie wieder zu ihrer frei herumlaufenden Herde zurück.

Um in dieser Region bestehen zu können, haben die Menschen eine geniale Behausung erfunden – die Jurte oder Ger, wie die Mongolen sagen. Ger, das bedeutet Zuhause oder auch nach Hause. Dieses Zuhause besteht aus vier bis sechs Scherengittern, deren einzelne schmale Holzlatten mit kleinen Lederschlaufen zusammengehalten werden. Beim Aufbau der Jurte werden die Scherengitter auseinandergezogen und im Kreis aufgestellt. Dann wird der Türrahmen eingefügt. In die v-förmigen Enden des Scherengitters werden die Dachstangen eingelegt und mit Schnüren fixiert. Alle Dachstangen treffen über der Mitte der Jurte auf einen Rauchring, der von zwei Stehern gehalten wird. Nun werden Wände und Dachstangen mit großen Filzbahnen bedeckt. Im Sommer kommt man mit einer oder zwei Lagen aus, im Winter werden entsprechend mehr Lagen aufgelegt, um gegen Kälte und Wind ausreichend geschützt zu sein. In der Mitte der Jurte befindet sich die Feuerstelle, heute meist ein einfacher runder Blechherd, dessen Abzugsrohr durch den Rauchring ins Freie geschoben wird. Geheizt wird mit Dung, einem Brennmaterial, das die eigene Herde zurückläßt. Dung ergibt nach dem Trocknen ein ausgezeichnetes geruchloses Heizmaterial.

Das Feuer ist der zentrale Mittelpunkt, es spendet die lebenserhaltende Wärme und wird Tag und Nacht am Leben gehalten. Bei den Gegenständen des täglichen Bedarfs spielen vor allem die Grundstoffe Wolle und Leder, aber auch Holz eine wichtige Rolle. Dazu kommen noch, dem Prestigebedürfnis der Menschen entsprechend, Edelmetalle, Edelsteine und vor allem Seidenstoffe.

Alles, was nicht leicht und ohne großen Zeitaufwand selbst hergestellt werden kann, wird bei den seßhaften Handwerkern oder Händlern gekauft oder eingetauscht. Dazu ist eine Reise in die nächstgelegene Siedlung oder Stadt nötig. Das kann mehrere Tage in Anspruch nehmen. Bei dieser Gelegenheit werden Käse, Fleisch und allenfalls auch selbst erzeugte Produkte verkauft. Es ist natürlich auch eine gute Gelegenheit, die neuesten Ereignisse zu erfahren.

Holz und Holzgegenstände müssen zur Gänze zugekauft werden. Eines der wichtigsten selbst erzeugten Produkte ist der Filz. Das Grundmaterial für die Filzherstellung ist Schafwolle, welche mit Pferdehaaren vermengt wird. Auf einer großen, aus mehreren Teilen bestehenden Lederhaut werden Wolle und Haare aufgelegt und mit viel Wasser angefeuchtet, darüber kommt eine Deckschicht, der sogenannte Mutterfilz. Das Ganze wird über eine lange Holzstange gerollt und mit Lederriemen fest verschnürt. An den Enden der Stange hängen lange Lederriemen, die von zwei Reitern an den Sätteln ihrer Pferde befestigt werden. Nach stundenlangem Rollen wird das Paket geöffnet, wieder werden Wolle und viel Wasser beigemengt, ein neuer Walzvorgang beginnt. Dieser wird solange wiederholt, bis die von den Erzeugern gewünschte Qualität erreicht ist. Filz dient vor allem zur Bedeckung der Jurte und, in Form eines Teppichs, auch als Bodenbelag. Außerdem wird eine Reihe von Gebrauchsgegenständen aus Filz hergestellt, zum Beispiel Decken, Sattelpolster, Taschen, Schuhe oder Filzmatten für die Reise. Sind Dsachtschin mehrere Tage unterwegs, begnügen sie sich in der Regel mit einer Filzmatte als Wind- und Regenschutz oder als Unterlage, wenn sie die Nacht unter freiem Himmel verbringen.

Pferde haben bei den Dsachtschin einen hohen Stellenwert. Sie werden von den Menschen sehr geschätzt und führen in ihren Herden normalerweise ein relativ freies Leben.

Oben: Der Deel ist die traditionelle Bekleidung der Mongolen. Er wird von Männern und Frauen getragen.

Links: Jeansmode und nackter Oberkörper – amerikanische Vorbilder machen sich, neben der traditionellen Kleidung, dramatisch bemerkbar.

S. 43: Hinter den beiden Dsachtschin-Frauen trocknet Käse am Jurtendach.

S. 44/45: Holz ist in der baumlosen Steppe eine Seltenheit. Es wird immer wieder weiterverarbeitet. Hier wird die Fertigung von Ersatzteilen für das Jurtengerüst vorbereitet.

Alle ein bis zwei Wochen wechseln die Dsachtschin ihre Reitpferde aus.

Die Urga, eine lange Stange mit einer weiten Schlinge an einem Ende, dient zum Einfangen der Pferde.

Für das Pferd, das bis vor kurzem ein freies Leben führte, ist es schwer, sich an die Unfreiheit zu gewöhnen.

S. 49: Ist das Pferd eingefangen, werden ihm blitzschnell Sattel und Zaumzeug übergeworfen. Jetzt können die jungen Dsachtschin ihr unglaubliches Geschick als Reiter zeigen.

Bei den Dsachtschin werden meistens Holztüren als Jurteneingang verwendet. Das Freundschaftszeichen auf der Türe kommt aus dem tibetischen Buddhismus.

S. 50 oben: Das Grundgerüst einer Jurte besteht aus Stäben – Scherengitter und Dachstreben sowie einem Dachkranz, in dem alles zusammenläuft.

S. 50 unten: Die fertige Jurte ist mit Filzbahnen bedeckt, die mit Seilen zusammengehalten werden.

Bei der Erzeugung von Archi wird Milch in einem großen Verdampfungskessel erhitzt. Der aufsteigende Dampf kondensiert am Deckel und rinnt in den Topf, der im Kessel hängt.

Etwa dreißig Tage im Jahr werden Stuten gemolken, ehe sie wieder zu ihrer Herde und damit zum freien Leben zurückkehren.

S. 53: Aus schönen mit Silber beschlagenen Holzschalen wird Archi getrunken.

Schafe liefern mit ihrer Wolle das Grundmaterial für die Filzerzeugung.

S. 54: Schafwolle wird, vermischt mit Pferdehaar, auf einem großen Lederstück aufgelegt und zu einem Paket verschnürt. Anschließend wird stundenlang gerollt, bis neuer Filz entsteht.

DRITTES KAPITEL

DÖRVÖT
KAMELNOMADEN IN DER MONGOLEI

In vielen Lebensbereichen gleicht die Lebensweise der Dörvöt jener der Dsachtschin. Ständiger Standortwechsel unter extremen Umweltbedingungen in einer Landschaft ohne Baum und Strauch ist für beide Gruppen ebenso charakteristisch wie das Leben in der Filzjurte und die Bevorzugung der fünf traditionellen Tierarten. Aber auch die Regeln des Alltagslebens sind die gleichen. Sie wurden in der Zeit der großen mongolischen Herrscher festgelegt, haben sich zwar im Laufe der Zeit verändert, sind jedoch in ihren Grundzügen noch immer für alle Nomaden in der Mongolei verbindlich. Das gilt für Geburt und Kindererziehung, Hochzeit und Tod ebenso wie für die strengen Verhaltensregeln in der Familie. Auch Kleidung, Nahrung und Essensgewohnheiten sind davon nicht ausgenommen. Wie alle Nomaden beherrschen auch die Dörvöt die Kunst, sich optimal den vorhandenen Bedingungen anzupassen, Tiere so auszuwählen, daß sie einander aufgrund eines jeweils anderen Bedarfs das Futter nicht streitig machen. Daher variiert auch die Größe der Herde und richtet sich nach der einzelnen Tierart und den äußeren Umständen. Wo Rinder nicht mehr genug Futter finden, können Schafe weiden, und Ziegen, die genügsamsten Herdentiere, können auf Plätze gebracht werden, die für andere Tiere nicht mehr ausreichend Nahrung bieten. Die Dörvöt leben am Fuße des Altaigebirges in Höhen bis zu 3000 Metern, umgeben von schneebedeckten Bergen, und in den Ausläufern der Wüste Gobi. Hier können die Entfernungen bis zur nächsten Wasserstelle viele Kilometer betragen, und es muß rund zwanzig Mal im Jahr umgezogen werden. Der Ortswechsel mit diesen sanften zweihöckerigen Tieren geht relativ einfach vor sich, was unter diesen Bedingungen wesentlich ist.

In der Mongolischen Volksrepublik gibt es rund 600.000 Kamele, womit das Land in der Kamelhaltung weltweit an dritter Stelle liegt. Es sind zweihöckerige Tiere, Trampeltiere der Gattung Camelus bactrianus.

Kamele werden durchschnittlich etwa 40 Jahre alt und liefern in dieser Zeit rund 500 Kilogramm Wolle. Kamelwolle hat einen sehr hohen Verkaufswert und ist daher eine wichtige Einkommensquelle für die Dörvöt. Das Kamelhaar wird im Herbst, wenn es am dichtesten ist, geschnitten. Dabei müssen mindestens drei Zentimeter stehen bleiben, um die Tiere während der Wintermonate mit ihren extremen Kälteeinbrüchen vor Schaden zu bewahren. Ein zweiter Schnitt erfolgt im Frühjahr. Die zweihöckerigen Kamele kommen mit der Winterkälte sehr gut zurecht. Wie alle Tiere, die mit den Nomaden leben, müssen auch die Kamele für den täglichen Futterbedarf selbst aufkommen. Man trifft sie in der weiteren Umgebung der Jurte in kleinen Gruppen an. Es können aber auch stattliche Herden sein, wenn die Tiere mehrerer Nomadenfamilien gemeinsam gehalten werden. Kamele bewegen sich ruhig und gelassen. Oft begeben sie sich allein, zu den meist weit entfernten Wasserstellen, fressen unterwegs von den vorhandenen Halmen und kehren dann, nach vielen Stunden, wieder selbständig zu den verlassenen Weideplätzen zurück.

Kamele sind von großer Bedeutung für den Transport von Waren. Sie können bei großen Dauertransporten 200, kurzzeitig sogar bis zu 300 Kilogramm tragen. Seit Hunderten von Jahren schon verwenden die Dörvöt bei ihren häufigen Quartierwechseln Kamele als Tragetiere. Bevor ein Kamel, das als Transporttier eingesetzt werden soll, das dritte Lebensjahr erreicht, wird die

Nasenscheidewand durchstoßen und ein Nasenpflock gesetzt. Bis zu diesem Zeitpunkt ist die Nasenscheidewand noch nicht vollständig verknöchert und – so behaupten die Kamelnomaden jedenfalls – der Vorgang nicht sehr schmerzhaft. Der Pflock wird aus einer besonderen Distelart geschnitzt und in weiterer Folge dem Tier eingesetzt, sobald es zu Arbeiten herangezogen wird. Mit einem am Nasenpflock befestigten Lederriemen wird dem Tier angezeigt, was es zu tun hat. Die Regel verlangt, daß diese Pflöcke ausschließlich für ein und dasselbe Tier verwendet und niemals verbrannt, sondern vergraben werden.

In den weiten, wasserarmen Gegenden der Wüste Gobi wird das Kamel oft als vollwertiger Ersatz des Rindes gehalten. Ein ausgewachsenes Tier erreicht ein Gewicht zwischen 500 und 800 Kilogramm. Bei den Dörvöt wird Kamelfleisch auch anstelle von Rindfleisch gegessen.

Kamele werden, wie auch die Stuten bei den Dsachtschin, nach einem besonderen Rhythmus gemolken. Die Kamelmilch wird zur Erzeugung verschiedener Milchprodukte verwendet. Frischmilch wird nur als Heilmittel, vor allem bei Gallen- und Leberleiden, eingenommen. Auch Kamele werden nur einen bis maximal zwei Monate im Jahr gemolken und kehren dann wieder zu ihrer Herde zurück.

Wann immer sich die Gelegenheit bietet, erweisen sich die Dörvöt und die Dsachtschin als echte mongolische Nomaden und zeigen, daß sie große Esser und vor allem große Trinker sind. Kumiss und Archi fließen bei jedem Besuch und erst recht bei jedem Fest in Strömen. Aufgrund des geringen Nahrungsmittelangebotes ist ihre Lebensweise jedoch verhältnismäßig einfach und sehr einseitig. Traditionellerweise besteht die Nahrung im Sommer vor allem aus Milchprodukten, weiße Speisen genannt, und im Winter hauptsächlich aus Fleisch. Dazu kommen noch einige wenige wild wachsende Pflanzenarten, vor allem Lauch und Pilze. Außerdem werden Gerste und Weizen verwendet. Aus dem daraus hergestellten Mehlteig werden kleine Teigtaschen geformt, die mit Fleisch gefüllt oder ungefüllt im heißen Fett gebacken werden. Kleine, in Butter gebackene Kuchen werden für festliche Anlässe hergestellt. Weißer Zucker wird normalerweise nicht verwendet, bei Festen allerdings wird Würfelzucker als Besonderheit gemeinsam mit Käsestücken gereicht.

Grundsätzlich ist das Fleisch aller Haustiere, ausgenommen Pferdefleisch, für den Verzehr vorgesehen, allem voran aber steht Schaffleisch, gefolgt von Rindfleisch und Ziegenfleisch. Schaffleisch wird in der Regel in Form von Suppe zubereitet. Es wird in kleine Stücke geschnitten und mit Nudeln gekocht. Nach alter Sitte wird beim Zerlegen des Fleisches kein Knochen gebrochen. Bei einer anderen, sehr beliebten Zubereitungsart wird das Fleisch in ganzen, nicht vom Knochen abgelösten Stücken gekocht, manchmal nur halbgar. Das Kochwasser wird mit Lauch und Salz gewürzt und dann auch getrunken. Die Fleischstücke werden in großen Schüsseln herumgereicht. Es wird sehr darauf geachtet, daß auch die letzte Fleischfaser vom Knochen entfernt ist, ehe er zurückgelegt wird. Gegessen wird mit einem Messer und der bloßen Hand. Auch hier dulden die alten Regeln keine Verschwendung. Weiters sagen die alten Traditionen, daß Fleisch nicht abgebissen werden darf, Ältere vor Jüngeren essen sollen und jeder ein Stück vom Schulterblattfleisch bekommen muß.

Das Schulterblatt ist ein ganz besonderer Knochen, aus dessen Form vom Kundigen die Zukunft vorausgesagt werden kann. Zu diesem Zweck wird der Knochen in der überlieferten Art am Feuer angewärmt, an den dabei entstehenden Rissen sowie an den unterschiedlichen Stärken des dünnen Teiles am Schulterblatt, an den entstandenen Verformungen und an so manch anderem Detail kann alles Wissenswerte abgelesen werden.

Das Fleisch von Tieren, die nach dem ersten Kälteeinbruch geschlachtet werden, wird in Streifen geschnitten und an der eisigen Luft gefriergetrocknet, wobei der Frost dem Fleisch alle Flüssigkeit entzieht und es haltbar macht. Die so vorbereiteten Fleischstücke ergeben unterwegs bei einer Rast, mit Wasser oder Milchtee über einem Dungfeuer zubereitet, eine nahrhafte Speise. Eine Methode, die schon während der kriegerischen Epoche bei den Mongolen üblich war, ist, die getrockneten Fleischstücke zu Pulver zu zerreiben. Auf diese Weise können große Mengen davon als Vorrat mitgeführt werden. Man sagt, daß in der Blase eines Rindes das pulverisierte Fleisch eines ganzen Schafes Platz findet.

Milcherzeugnisse sind in der Ernährung wichtiger als Fleisch und haben aufgrund ihrer weißen Farbe einen höheren symbolischen Wert. Die Farbe Weiß gilt als rein, heilig und daher glückverheißend. Milch wird mehr geschätzt als Fleisch, weil man annimmt, daß sie die menschliche Energie steigert. Außer im Krankheitsfall wird Milch niemals frisch getrunken. Sie wird entweder durch Fermentierung, wie bei Kumiss und Archi, oder durch Verdampfung weiterverarbeitet. Beim Verdampfen wird die Milch in großen, flachen Pfannen zum Kochen gebracht. Nach längerem Köcheln setzt sich ein dicker, Öröm genannter Schaum ab, der als große Delikatesse gilt. Durch weiteres Köcheln wird Butter erzeugt. Die übrige entrahmte Milch wird zu Käse verarbeitet. Der für den Winter vorgesehene Käseanteil kommt auf das Jurtendach, um in der Sonne zu trocknen.

Tee und Milchprodukte sind die Grundelemente der mongolischen Gastfreundschaft. Wer in eine Jurte kommt, wird sogleich mit Tee bewirtet. Tee ist meistens schon fertig oder wird gerade vorbereitet. Dazu wird Käse in unterschiedlichen Reifestadien gereicht.

Tee ist nicht nur das wichtigste Getränk, sondern auch Grundnahrungsmittel und Basis der Ernährung. Er kommt aus China oder Rußland und wird aus den gröberen Teilen des Teestrauches hergestellt. Meistens wird grüner Tee verwendet, der in Ziegelform gepreßt ist. Von dem fest zusammengepreßten Teeziegel wird ein Stück abgebrochen, zerkleinert und mit kaltem Wasser zugestellt. Der Tee wird gesalzen, nach dem Aufkochen wird Milch hinzugefügt und dann mit etwas Butter verfeinert. Alle Feste, auch die, bei denen vorwiegend Fleischspeisen gegessen werden, beginnen und enden mit Tee und weißen Speisen. Die erste Tasse wird dem Ältesten oder dem Familienoberhaupt gereicht. Dieser Tee dient, wie bereits ausgeführt, auch als Basis für andere

Speisen. Ob in der Jurte oder unterwegs, immer gibt es eine Reihe von Regeln zu beachten. So muß nach dem Essen unbedingt Tee getrunken werden, wobei die Teeschale bis zum Rand vollgefüllt werden muß. Die Teeschale wird mit der rechten Hand überreicht, wobei die linke Hand den rechten Ellbogen unterstützt – eine Geste, die bei jedem Überreichen von Getränken zu beachten ist. Viele dieser Regeln stammen aus dem 13. Jahrhundert, der Zeit, in der die Völker der Mongolei erstmals mit dem tibetischen Buddhismus – dem Lamaismus mit dem Lama als Vermittler – in Berührung kamen. Im 16. Jahrhundert breitete sich der Lamaismus immer weiter aus und verdrängte die vorherrschende animistische Weltsicht – mit Kräften, die in der Natur wirken und denen der Mensch ausgeliefert ist. Vor allem Feuer, Erde und Wasser wurden als Sitz von Kräften wahrgenommen, denen man in bestimmter ritueller Weise zu begegnen hatte. Schamanen waren als Vermittler zwischen dem Hier und der anderen Welt tätig. Da sich der Lamaismus gut mit den alten Göttern und Bräuchen verbinden ließ, breitete er sich immer weiter aus. Wer wie die Dörvöt in einer ehrfurchtgebietenden Natur lebt, versteht die Notwendigkeit, ihre Regeln einzuhalten. Denn nach wie vor geben sie Sicherheit und Halt.

In der Jurte befindet sich gegenüber dem Eingang der Ehrenplatz, der den Alten, dem Familienvorstand und den Gästen vorbehalten ist. Auf diesem Platz sind auch die schön bemalten Truhen mit dem Hausaltar, eine Buddhastatue, Bilder eines Lama, Bilder von Pferden oder Verwandten und andere wichtige Gegenstände aufgestellt. Betritt man die Jurte, so befindet sich rechts vom Eingang die Seite der Frauen, links die Seite der Männer. Eine Anordnung, die in der Regel immer beibehalten wird. Kinder sind überall zu finden, obwohl ihr Platz traditionsgemäß in der Nähe des Einganges ist. Erst im Laufe ihres Lebens werden sie bis zum Ehrenplatz vorrücken. Meistens stehen zwei bis vier Jurten beisammen, deren Besitzer miteinander verwandt sind. Männer sind für alle außerhalb der Jurte zu besorgenden Arbeiten zuständig, das Reich der Frauen ist die Jurte und deren unmittelbare Umgebung. Außerdem gehört das Melken der Tiere zu den Aufgaben der Frauen.

Gastfreundschaft hat einen sehr großen Stellenwert bei den Nomaden. Kommen Gäste, so werden sie auf den Ehrenplatz gebeten. Der Mann ist für die Begrüßung zuständig, während sich die Frau um den Tee kümmert. Zum Begrüßungszeremoniell gehört auch der Austausch der Schnupftabakflaschen. Diese werden im Deel, dem traditionellen mongolischen Kleidungsstück, aufbewahrt. Die Schnupftabakflasche ist aus Stein gearbeitet und mit einem ebenfalls aus Stein gefertigten Verschluß versehen. Die Flasche wird, wie bereits ausgeführt, mit dem unterstützten rechten Arm übergeben. Der Empfänger nimmt eventuell eine Prise, wird aber in jedem Fall den Verschluß öffnen, am Inhalt riechen und die Flasche mit anerkennendem Kopfnicken so zurückgeben, wie er sie bekommen hat. Mittlerweile ist man auch schon bei Kumiss und Archi angelangt. Archi wird randvoll in eine besonders schöne, oft mit Silber beschlagene Holzschale gefüllt, und wieder wird mit der unterstützten Rechten überreicht. Der Gast, der die Schale übernommen hat, spritzt nun, indem er seinen Mittelfinger in das Getränk taucht, je einen Tropfen davon in jede der vier Himmelsrichtungen und tippt zuletzt auf seine eigene Stirne, trinkt einen kleinen Schluck und gibt das Gefäß zurück. Damit soll Glück herbeigewünscht und persönliche Verehrung ausgedrückt werden. Jeder Mann und jede Frau bekommt nun reihum das Gefäß, welches immer wieder ganz aufgefüllt wird, und verfährt in der beschriebenen Weise. Wenn zuletzt auch der Gastgeber getrunken hat, ist freies Trinken erlaubt. Die Männer nehmen ihre langen dünnen Pfeifen aus dem Deel, und die gängigen Gesprächsthemen über die Tiere, den Weg, das Wetter und die Geschäfte beginnen.

Der Deel, eine ebenso große Erfindung wie die Jurte, ist eine Art Mantel, der weit übereinandergeschlagen ist. Um die Mitte wird er von einem sehr langen, schmalen Seidentuch, dem Bus, zusammengehalten, das herumgeschlungen, aber nicht geknotet wird. Die Enden des langen, bunten Tuches dürfen nur eingeklemmt werden. Im Halsbereich gibt es einen Verschluß, wodurch über dem Gürtel eine Art Bauchtasche entsteht, in welcher eine

Vielzahl an Dingen zur Aufbewahrung Platz findet. Der Deel sieht bei Männern und Frauen gleich aus und ist bei allen Nomaden das am meisten getragene Kleidungsstück.

Egal, wie gut sich Eheleute auch verstehen, es wird darauf Wert gelegt, daß ihre Gefühle füreinander für andere nicht sichtbar werden. Man wird kaum jemals sehen, daß sich ihre Hände berühren. Die Schwierigkeiten beginnen bereits zu dem Zeitpunkt, zu dem eine Ehe vereinbart wird. Nach der Verlobung darf sich das Paar bis zur Hochzeit nicht mehr sehen. Meistens zieht die junge Frau vorerst in die Jurte ihrer Schwiegermutter und bleibt dort solange, bis die eigene von der Familie des Mannes fertiggestellt ist. Für die junge Frau ist die Situation besonders schwierig, da sie die Regeln der neuen Familie zu beherrschen lernen muß. Es gibt beispielsweise in jeder Familie eine Reihe von Wörtern, Namen von Verstorbenen, von alten verehrten Menschen oder angeheirateten Verwandten, die nicht ausgesprochen werden dürfen. Unglücklicherweise geben Mongolen ihren Kindern aber Namen aus der Umgangssprache, was bedeutet, daß eventuell auch bestimmte Wörter des täglichen Gebrauches in dieser Familie nicht verwendet werden dürfen. Für den Mann gelten zwar die gleichen Regeln, gewisse Namen vermeiden zu müssen, doch ist er mit diesen Begriffen seit langem vertraut. In der neuen Umgebung muß die junge Frau äußerste Zurückhaltung üben und eine genau festgelegte Distanz zu den Schwiegereltern und den älteren männlichen Verwandten wahren. Die Situation bessert sich aber deutlich, sobald sie ihr erstes Kind bekommt. Ist die Frau aber erst in ihrer eigenen Jurte, so hat sie einen Bereich, in dem sie unangefochten herrscht. Nur vom jüngsten Sohn wird erwartet, daß er keinen eigenen Haushalt gründet, sondern mit seiner Frau im Haushalt der Eltern bleibt.

Für das Leben der Dörvöt ist das Kamel von großer Wichtigkeit. In der mongolischen Volksrepublik gibt es rund 600.000 Kamele.

S. 66/67: Werden die Kamele mehrerer Familien gemeinsam gehalten, ergibt das eine beachtliche Herde. Kamele begeben sich alleine zu den Wasserstellen und kehren, Stunden später, wieder selbständig zurück.

Werden Kamele zur Arbeit herangezogen – beispielsweise beim Umzug –, wird ein Pflock in die Nasenscheidewand eingesetzt. Damit werden dem Tier Richtungsänderungen angezeigt.

Auch als Reittier werden Kamele immer wieder verwendet.

S. 69: Die vielen kleinen Dinge des Hausrates werden beim Umzug in großen Körben verstaut.

Kamelmilch wird bei den Dörvöt überwiegend zur Käseerzeugung verwendet, Frischmilch wird als Heilmittel angesehen. Der Melkrhythmus ist so ausgelegt, daß Melken und Trinken häufig gleichzeitig vor sich gehen.

S. 72/73: Für eine bevorstehende Hochzeit haben sich schon viele Gäste eingefunden. Das bot dem Fotografen die Möglichkeit für ein Gruppenbild.

WORLD CUP

AUSTRALIA

Oben: Das Familienoberhaupt bestimmt den Ort, es ist aber eine Frau, die die Karawane zum neuen Lagerplatz führt.
Unten: Der Jurtenkranz ist abgeladen und wird zu seinem Platz gebracht.

S. 75: Zwei Dörvöt haben sich für den Fotografen eng nebeneinander gesetzt. Paare vermeiden ansonst jede, auch noch so kleine Vertraulichkeit in der Öffentlichkeit.

Alt sein bedeutet am Gipfel des Lebens angekommen zu sein. Das Wort der Alten hat Gewicht, sie sind das Zentrum der Gemeinschaft. Vom jüngsten Sohn wird daher erwartet, daß er bei den Eltern bleibt, um ihnen behilflich zu sein.

In der Jurte ist die rechte Seite den Frauen, die linke Seite den Männern vorbehalten. Gegenüber dem Eingang sitzen die Alten, die Gäste und das Familienoberhaupt. Kleine Kinder dürfen sich überall aufhalten.

S. 78: Ein unerläßlicher Bestandteil bei Männergesprächen ist die langstielige Pfeife mit dem kleinen Pfeifenkopf.

S. 80: Eine Schnupftabakflasche, wie hier gezeigt, ist ein wichtiges Requisit bei der Begrüßungszeremonie der Männer. Sie ist normalerweise aus Stein gearbeitet und wird mit der rechten Hand überreicht, wobei die linke Hand den Ellbogen unterstützt.

VIERTES KAPITEL

KHAMPA
TIBETISCHE NOMADEN UND IHRE FESTE

Das östliche Tibet und der westliche Teil der Provinz Sichuan sind die Heimat der Khampa, die durch ihren Mut und durch ihr Heldentum weltweit hohen Bekanntheitsgrad erreichten. Ihre Herkunft und ihre ethnische Zugehörigkeit ist unklar, aber ihr Name ist gleichbedeutend mit Angst. Der einzigartige Freiheitsgeist der Khampa ließ sie zu den härtesten und erbittertsten Widerstandskämpfern der Tibeter gegen China werden. Sie lieferten den chinesischen Besatzern über ein Jahrzehnt lang durch ihre Guerillataktik heftigen, wenngleich verzweifelten Widerstand. Zugunsten ihrer Unabhängigkeit und für ihren lamaistischen Glauben verteidigten die Khampa ihre Heimat in erbitterten Kämpfen. Sie unterwarfen sich niemals der Zentralregierung in Tibet und waren deshalb als Wegelagerer gefürchtet.

Die Khampa selbst sahen ihre Überfälle als eine Art Kavaliersdelikt an, denn für richtige Khampa stellt dies nur eine Mutprobe dar. Ein Räuber verliert ihrer Ansicht nach niemals sein Gesicht, außer er versteht es nicht, sein Hab und Gut erfolgreich zu verteidigen. Sie waren es auch, die den Dalai Lama bei seiner Flucht nach Indien im Jahr 1959 sicher bis zur Grenze eskortierten.

Die dominante Wehrhaftigkeit der Khampa entstand aufgrund der Jahrhunderte andauernden Gebietsstreitigkeiten um Weideland. Im Laufe der Zeit entstand so eines der kriegerischsten und blutrünstigsten Völker Asiens. Bis heute sind die Khampa gefürchtet wegen ihres zweifelhaften Rufes und ihres mächtigen Auftretens. Das faszinierende Aussehen wurde schon von den ersten Forschungsreisenden, die mit großer Angst durch die Provinz der ehrbaren Räuber, wie die Provinz Kham genannt wurde, reisten, geschildert. Die meisten Karawanen machten wegen des Rufs der Khampa einen großen Bogen um dieses Gebiet. Das rauhe Klima, die unendlichen Weiten und die hohen Bergketten schrecken Reisende bis heute ab. Zweifellos ist das Land der Khampa der geheimnisvollste und verborgenste Teil Tibets. Bis heute hat sich kaum etwas am Zauber und an den Geheimnissen dieses hoch gelegenen Landes geändert, denn die unendliche Weite, die Höhe von rund 4000 Metern und die extremen klimatischen Verhältnisse haben es vor dem Ansturm der modernen Zivilisation bewahrt.

Die meisten Khampa leben bis heute in ihrer Tradition als Vollnomaden. Ihr wichtigstes Nutztier ist der Yak. Die nomadische Viehzucht begann mit der Domestikation des wilden Yak. Der Yak dient sowohl als Last- als auch als Reittier, er ist sehr widerstandsfähig und überwindet die höchsten Pässe und wildesten Pfade mühelos. Er ist perfekt an das unwirtliche Klima adaptiert und hat auch keinerlei Probleme, selbst den kältesten Winter zu überstehen. Wie bei allen Nomaden Tibets, die in einer derartigen Umwelt bestehen müssen, bildet die Genügsamkeit den Boden ihrer Überlebensstrategie. Um ihre Existenzgrundlage nicht in Gefahr zu bringen, achten die Khampa auf die Ausgeglichenheit zwischen Viehbestand und Weideflächen. Daraus erklärt sich auch ihre Wanderbewegung. Den Reichtum der Khampa bilden die Herden. Schaf- und Yakherden werden nebeneinander gehalten. Pferde sind ein absolutes Luxusgut der Khampa und weit nicht so widerstandsfähig wie ihre anderen Herdentiere. Man widmet ihnen daher viel Aufmerksamkeit. Bei Schneefall und Kälteeinbrüchen umhüllt man die Pferde mit Decken und schützt sie durch hohe Steinwälle vor dem eisigen Wind. Maximal vier Monate stehen den Khampa während der Wachstumsperiode im Sommer zur Verfügung, um die notwendigsten Produkte für Ernährung und Handel zu erwirtschaften. In dieser Zeit müssen auch die Tiere genügend Fettreserven aufbauen, um den langen und harten Winter überstehen zu können. Dabei achten die Khampa vor allem auf das natürliche Gleichgewicht zwischen der Herdengröße und der Kapazität des Weidelandes. Eine Überweidung würde für Mensch und Tier eine Zerstörung der Lebensgrundlage bedeuten. Daher wird das Weideland unter den verschiedenen Familienclans proportional nach der jeweiligen Herdengröße aufgeteilt. Das Vieh muß an jedem Tag des Jahres auf die Weiden getrieben werden, da es keinen Futtervorrat gibt. Ist die Familie zu klein, müssen zusätzliche Arbeitskräfte angeheuert werden. Neuerdings legen auch mehrere Khampafamilien ihr Vieh zusammen und hüten es gemeinsam. Kostenoptimierung wird auch bei den Khampa großgeschrieben.

Das Grundnahrungsmittel der Khampa ist die Milch. Meist wird aber daraus der köstliche Joghurt hergestellt, indem sie die Milch kochen und anschließend mit einer Pilzkultur über Nacht stehen lassen. Aber auch Käse wird erzeugt, der an der Sonne vier Tage lang getrocknet wird, bis er hart wie Stein ist. So kann er Jahre überdauern und als eiserne Reserve bevorratet werden. Käse ist auch die einzige Ernährung der Hirten beim täglichen Weiden. Auch die Buttererzeugung spielt bei den Khampa eine lebenswichtige Rolle. Die Butter wird dadurch erzeugt, indem man den Joghurt ungefähr eine Stunde lang mit einem Stößel stampft. Sie wird in Schafsmägen aufbewahrt und hält sich dort bis zu einem Jahr im selben frischen Zustand. Eine Besonderheit der Ernährung stellt der Buttertee dar. Dafür wird schwarzer Tee mit den für ihn üblichen Zutaten von Butter und Salz versehen und in einem Butterfaß vermengt. Er dient vor allem zur Regulierung des Fetthaushaltes der Haut und schützt diese somit vor dem Austrocknen. Das Hauptnahrungsmittel der Khampa heißt Tsampa und wird aus gemahlener Gerste hergestellt, die auf erhitztem Sand geröstet wird. Der Sand erhitzt die Gerste gleichmäßig, so daß ein Anbrennen verhindert wird. Da im Nomadenland keine Gerste wächst, wird sie auf Nomadenmärkten und mit Händlern getauscht. Der Tsampa wird mit Buttertee vermengt und dann, zu kleinen Knödeln geformt, verspeist. Er liefert mehr als die Hälfte der von den Khampa benötigten Kalorien. Als leichte Mahlzeit für unterwegs wird Tsampa auch trocken gegessen, indem man eine kleine Menge davon auf die Zunge streut und mit Speichel befeuchtet. Mit der Fleischerzeugung ist es schon etwas schwieriger. Die reichen Khampa führen die Schlachtung des Tieres nie selbst durch. Als Lamaisten glauben sie an die Reinkarnation und daran, daß die Wiedergeburt durch das Karma des vorherigen Lebens bestimmt wird. Durch das Töten eines Tieres laden sie Schuld auf sich. Diese Tätigkeit wird von sogenannten unreinen Nomaden, die meist aus ärmeren Familien stammen, durchgeführt, wodurch die Khampa selbst von jeder Schuld frei bleiben. Das gewonnene Fleisch wird in keiner Weise weiterverarbeitet, sondern im ursprünglichen Zustand an der Zeltwand gelagert. Geschlachtet wird fast ausschließlich kurz vor Beginn der kalten Wintermonate, da in den wärmeren Monaten das Fleisch leicht verderben kann. So überwiegt während der Sommermonate die Ernährung mit Milchprodukten, hingegen zählt der Winter zu den Fleischmonaten.

Die Weidetätigkeit fällt bei den Khampa in die Domäne der Männer. Frauentätigkeit hingegen ist das Sammeln und Trocknen von Dung, der in dieser waldlosen Gegend das einzige Heizmaterial darstellt, sowie das Spinnen und Weben zur Herstellung von Stoff für Kleidung und Zelte. Der Großteil der Nahrungsmittelproduktion, vom Melken bis zur Butter- und Käseerzeugung wird von den Khampafrauen allein bewältigt. Bei der Wollgewinnung muß die ganze Familie zusammenhelfen. Den Yaks und den Schafen müssen zum Schutz gegen Tritte die Beine gebunden werden. Aus dem weichen Bauchfell der Yaks werden die warmen Kleider gewebt.

Die Khampa leben in großen Jurten aus Yakhaar, das hervorragend gegen die Kälte und den eisigen Wind schützt. Ein Mittel- und mehrere Außenpfosten dienen neben Zeltleinen als Befestigung und Verankerung gegen die stürmischen Winde. So kann in kürzester Zeit die Jurte auf- und abgebaut werden. Der zentrale Mittelpunkt, um den sich das soziale Leben abspielt, ist die Feuerstelle. Einrichtungsgegenstände gibt es kaum, da man optimal auf ein Wanderleben ausgerichtet ist. Ein Stein- oder Holzdach über dem Kopf würde die Khampa in ihrer von Freiheit geprägten Lebensphilosophie einengen, deshalb sagen sie selbst: „Wir sind für ein Leben in der Steppe geschaffen, ein richtiges Dach über dem Kopf würde uns die Weitsicht nehmen, und wir wären eingesperrt." Im Zelt können die Khampa zu jeder Tages- und Nachtzeit den Himmel sehen. Ein breite Öffnung, Kung genannt, wird nur bei starkem Regen oder Schneefall geschlossen. Die Vorräte werden in Fellsäcken entlang der Zeltwand gelagert, um den Zugriff zu den benötigten Produkte zu erleichtern. Jede Jurte besitzt auch einen kleinen Altar, auf dem Butterlampen brennen und sich meist Bilder von Rinpotsche und von Seiner Heiligkeit dem Dalai Lama befinden.

Die wilden Geschichten und der Ruf der Khampa sollen aber nicht darüber hinwegtäuschen, daß sie ein sehr gastfreundliches Volk sind. Reisende aller Religionen erhalten Eintritt und Labung, wenn sie ihre friedliche Absicht kundtun. In jedem Zelt herrscht die gleiche Sitzordnung vor. Gleich rechter Hand neben dem Eingang befinden sich die Sitzplätze der Männer und der Gäste. Gesessen und auch geschlafen wird auf Teppichen und Fellen. Bei jeder Nahrungszubereitung werden ein paar Tropfen oder ein paar Brösel in Richtung Himmel gespritzt oder gestreut, um die Gottheiten für die Khampa milde zu stimmen. Jeden Abend, wenn die Hirten von den Hochweiden zurückkommen, wird das Hauptgericht des Tages zubereitet. Rund um die wärmende Feuerstelle beherrschen die Ereignisse des Tages die Kommunikation.

Die Khampa sind bekannt für ihren außergewöhnlichen Schmuck, der von äußerst geschickten Handwerkern hergestellt wird. Der Kopfschmuck der Männer besteht meist aus rot oder schwarz gefärbten Bändern, die mit dem langen Haar verflochten werden. In Silber gefaßte Türkise und Korallen werden von Frauen und Männern als Ohrringe, aber auch als Haarschmuck getragen.

Silbergürtel und auffallende Halsketten mit Zi-Steinen und Türkisen machen aus jedem Mann einen stolzen Würdenträger. Jeder Khampa trägt an seinem Gürtel ein sogenanntes tibetisches Feuerzeug, mit Silberschmuck verzierte kleine Ledertaschen, in denen sich Flint und Zunder befinden. Ohne Schmuck fühlen sich die Khampa unbekleidet. Der Schmuck ist für sie Ausdruck ihres ästhetischen Empfindens. Ihre Leidenschaft für Waffen hat sich bis heute nicht geändert. Khampamänner erkennt man an ihren Silberdolchen mit kunstvoller Scheide, die mit Stolz am Gürtel getragen werden. Gegen die starke Sonneneinstrahlung schützen die Khampa ihren Kopf gerne mit Stoffhüten oder Pelzkappen. Bei Festen und Versammlungen tragen die Khampa ihre Festtrachten aus Brokat, die mit wertvollen Tiger- und Ibisfellen abgesteppt sind. Die wilden und mutigen Krieger von einst messen sich auch heute noch jedes Jahr in atemberaubenden Reitturnieren. Die Khampa sind als leidenschaftliche und hervorragende Reiter bekannt, die zu ihrem Pferd eine sehr emotionale Beziehung haben. Sie lieben feurige und temperamentvolle Pferde. Ihre zweite Leidenschaft ist das Gewehr. Sie lieben es, auf dem Pferd zu reiten und gleichzeitig zu schießen. Sie selbst verbinden mit dem Gewehr keinesfalls Gewalt, sondern sie benützen die Waffe nur zur Selbstverteidigung und zum Schutz ihre Herden.

Märkte und Feste sind für die Khampa eine willkommene Abwechslung, die zum Handel oder vor allem für die junge Generation auch für die Brautschau genützt wird.

Jeden Sommer feiern die Nomaden der östlichen Steppe das Fest der Sommerfreuden, genannt Yaji. Tausende Khampa reisen hierzu mit ihren Familien an. Mitgenommen wird neben Gewehr und Pferd nur ein leichtes Sommerzelt, das während des siebentägigen Reiterfestes als Behausung dient. Hier werden tagaus und tagein Gäste empfangen. Die kleinen Zelte sind meist bis zum Bersten mit Menschen gefüllt. Man trifft alte Bekannte und Freunde, und die Gespräche dauern oft bis tief in die Morgenstunden. Die Frauen kochen ununterbrochen, um alle Gäste bewirten zu können. Große Mengen an chang, dem köstlichen tibetischen Bier, stehen in jedem Zelt für die Nachtstunden bereit. Hunderte Zelte, dicht nebeneinander gereiht, erfüllen die Steppe von Lithang für ein paar Tage mit ungewohntem Leben. Bei Nacht leuchten die Feuerstellen durch die dünnen Zeltwände und lassen so die Steppe zu einer unheimlichen Geisterstadt werden. Das Yaji ist für die Khampa eine gute Gelegenheit, sich in ihren Festtagskleidern zu zeigen. Der feinste und teuerste Silberschmuck wird angelegt, Marder- und Tigerfelle werden stolz als Kleidungsstücke präsentiert. Selbst die Pferde zeigen sich mit den kostbarsten Satteldecken und dem schönsten Zaumzeug. In der Vorstellung der Khampa soll das Pferderennen die Götter günstig stimmen. Während des Festes werden ständig Wacholderzweige verbrannt, die den Regen vertreiben und gutes Wetter für die Ernte bringen sollen.

Zahllose Reiter sind hierher gekommen, um sich in verschiedenen Geschicklichkeitsbewerben zu messen. Die Wettbewerbe reichen von Schnelligkeits- bis Geschicklichkeitsbewerben, wobei die Reiter im schnellen Ritt den Katak, einen weißen Glücksschal, vom Boden aufheben müssen. In einer weiteren Disziplin müssen die Reiter versuchen, möglichst viele Zigarettenpackungen, an denen ein Katak befestigt ist, vom Boden aufzuheben. Ihre liebste Disziplin ist aber, im schnellen Galopp auf ein Ziel zu schießen. Dabei sind die Gewehre nur mit Schießpulver gefüllt, so daß die Ziele in nächster Nähe noch getroffen, die umherstehenden Zuseher aber nicht verletzt werden können. Auf dem durch vorhergehende starke Regenfälle nassen Boden rutschen die Pferde immer wieder aus und stürzen zu Boden. Die Khampa bleiben stets im Sattel und treiben ihre Pferde sofort wieder aufs neue an. Die Augen der Zuseher sind stundenlang fasziniert auf die Reiter und ihre Künste gerichtet. Zusätzliches Imponiergehabe der Reiter lenkt die Aufmerksamkeit der unverheirateten Khampamädchen auf sie. In den Nachmittagsstunden stellen die einzelnen Gruppen ihre Tanzkunst zur Schau. Männer und Frauen tanzen gemeinsam den Dro, einen alten Khampatanz, wobei immer erst die Gruppe der Frauen ihre Vorführung darbietet und anschließend die Männergruppe einsetzt. Unterstützt von abwechselnden Frauen- und Männergesängen tanzen beide Gruppen unermüdlich im Kreis. Einsetzende Regenfälle stören das Treiben nur wenig. Vielmehr bietet sich dadurch für die jungen Khampamädchen auch die Gelegenheit, ihre Geschicklichkeit den Teilnehmern am Reitturnier zu präsentieren. Jeden Abend wird nach dem Festessen bis in die frühen Morgenstunden weitergetanzt. Das Fest bietet vielfach Gelegenheit, Hochzeiten zu arrangieren und natürlich auch gleich Brautpreise auszuhandeln. Jeden Tag beginnt das Schauspiel aufs neue – eine einzigartige Gelegenheit für die Khampa, die weit verstreut über der gebirgigen Hochebene leben, zu neuem Schmuck oder zu neuen Teppichen zu kommen. Als positive Nebenerscheinung beherrscht der Handel das bunte Treiben. Auch Pferde werden getauscht oder verkauft. Je besser ein Pferd bei den verschiedensten Disziplinen abgeschnitten hat, desto höher ist auch sein Verkaufspreis. Für Pferde geben die Khampa ein kleines Vermögen aus.

Die Heiterkeit der Seele verleiht den Khampa große Ausstrahlung.

Schmuck und Bekleidung spielen im Leben der Khampa eine große Rolle. Gerne präsentieren sich die Frauen bei festlichen Anlässen in voller Tracht und mit schweren Korallenketten. Der traditionelle Silberschmuck wird nur bei Hochzeiten und großen Ereignissen angelegt. Er spiegelt den Reichtum einer Khampafamilie wider.

S. 92/93: Wie bei vielen Nomadenstämmen Asiens werden die Kinder am Rücken getragen. Von hier oben läßt sich das Geschehen auch viel besser überblicken.

Man sagt den Khampa nach, sie hätten das Leuchten der Sterne in ihren Augen.

S. 94: 108 ist die heilige Zahl der Tibeter, daher tragen auch Khampafrauen ihre Haare gerne zu ebensovielen Zöpfen geflochten.

Beide Lieblingsbeschäftigungen der Khampa, das Reiten und Schießen, sind Ausdruck höchster Lebensfreude und halten damit ihren Ruf als gefürchtete Krieger lebendig.

S. 97: Stolz präsentiert dieser Khampa seine Bekleidung aus Schneeleopardenfellen und seinen prachtvollen Silberschmuck.

S. 98/99: Der Umgang mit Pferden und Gewehren gehört zu den Lieblingsbeschäftigungen der Khampamänner. Beim alljährlichen Sommerfest messen sich die Besten in zahlreichen Reitbewerben.

Den Pferden widmen die Khampa höchste Aufmerksamkeit. Silberbesetztes Pferdegeschirr und prachtvolle Decken zieren jedes Tier.

Verwegen und gleichsam mißtrauisch blickt der junge Khampa in die Augen des Fotografen.

S. 102: In Festtracht begeben sich die Khampa mit ihren ebenfalls geschmückten Pferden an den Start des großen Reitwettbewerbes. Möge der Beste gewinnen.

FÜNFTES KAPITEL

KIRGISEN

AUF DER CHINESISCHEN SEITE DES PAMIR

Wo die mächtigen Gletscher der beiden höchsten Berge des Kunlun-Gebirges, des Muztagh Ata mit 7546 Metern und des Kongur Shan mit 7719 Metern, unvermittelt in eine sanftere Berglandschaft übergehen, leben kirgisische Halbnomaden. Die hohen Berge mit ihren riesigen Gletschern sind allgegenwärtig. Zongling wurde diese Gegend in früheren Zeiten genannt, was wörtlich übersetzt Zwiebelberge heißt und auf die vielen hier wachsenden Laucharten zurückzuführen ist. Hier liegt die chinesische Seite des Pamir, über den der alte Handelsweg, die Seidenstraße, führte. Heute werden auf dieser Straße Transporte von Lastwagen und nicht von Kamelkarawanen durchgeführt, aber der Weg führt noch immer über den 5000 Meter hohen Khunjerab-Paß, der die Grenze zwischen China und Pakistan bildet. Hier treffen neben China und Pakistan auch noch Indien, Afghanistan, Tadschikistan und Kirgistan aufeinander.

Dem Muztagh Ata bringen die hier lebenden Kirgisen besondere Ehrfurcht entgegen, denn es wird erzählt, daß sich auf dem Gipfel des Berges das Grabmal des Schwiegersohnes Mohammeds – Ali – befinden soll. Er lebte dort am höchsten Punkt des Berges in einer kleinen Stadt, deren Bewohner immer vollkommen glücklich waren. Nicht allein die illusionslose Sicht der hier regierenden Chinesen, sondern auch die seit einiger Zeit in immer größerer Zahl vor allem aus Europa und Japan anreisenden Bergsteigergruppen haben diese Legende nachhaltig zerstört. Für die hier lebenden Nomaden, die nur sehr selten mit den Bergsteigern in Berührung kommen, bleibt der Berg ehrfurchtgebietend und seine Macht lebensbestimmend.

Die Weideflächen liegen in einer Höhe von etwa 4000 bis 5000 Metern. Das Wetter kann hier auch im Sommer sehr rauh sein. Aufziehende Wolken verdichten sich oft sehr schnell zu dunklen Gebilden, Wind wird plötzlich zu Sturm und einsetzender Regen binnen kürzester Zeit zu Schnee. Wetterstürze dürfen hier nicht unterschätzt werden. Aber auch die Sommertage mit einer gnadenlos herabbrennenden Sonne, in einer Landschaft, in der es weder Baum noch Strauch gibt, wo keine Pflanze höher als fünf Zentimeter wächst, können zur Belastung werden. Die Strahlungsintensität ist hier enorm. Kommt der Abend, wird es rasch kühl, nachts liegt die Temperatur meistens unter dem Gefrierpunkt. Am Morgen sind die Ränder der Bäche, die aus den Gletschern gespeist werden, mit Eis überzogen, Wasser gibt es fast nicht. Erst am Nachmittag, wenn oben auf den Gletschern die Wärme des Tages das Eis zum Schmelzen gebracht hat, fließt wieder reichlich Wasser.

Wann und woher dieses Volk, das eine zu den westlichen Turksprachen gehörende Sprache spricht, tatsächlich in den zentralasiatischen Raum eingewandert ist, ist bis heute nicht eindeutig geklärt. Aus chinesischen Quellen des ersten Jahrhunderts nach Christi geht hervor, daß die Kirgisen aus den nördlichen Steppen des Altai kamen. Nach anderen chinesischen Aufzeichnungen waren die Kirgisen im sechsten Jahrhundert in Ostsibirien und der Mongolei zu Hause. Im achten Jahrhundert waren sie im Tienschan-Gebiet, dem Grenzgebiet zu den 1991 und 1992 gegründeten Staaten Usbekistan, Kirgistan und Kasachstan, ansässig. Stammesnamen und sprachliche Zusammenhänge weisen aber immer eindeutig ihre Verwandtschaft nach. Sie waren immer Nomaden, auf der Suche nach den für ihre Herden am besten geeigneten Weideplätzen.

Heute leben etwa 2,5 Millionen Kirgisen in der 1991 entstandenen Republik Kirgistan, etwa 30.000 Kirgisen leben in Afghanistan und Pakistan auf dem Pamir, einige tausend leben in der Mongolei. Die Volksgruppe der Kirgisen in China umfaßt heute etwa 113.000 Personen. Sie sind fast ausschließlich in der Provinz Xinjiang beheimatet. Nur wenige Familien sind der alten Tradition treu geblieben und leben als Halbnomaden auf den weiten Hochflächen der näheren und weiteren Umgebung des hochverehrten Muztagh Ata.

Die hier ansässigen Kirgisen zeigen in ihrem äußeren Erscheinungsbild leicht mongolische Merkmale: Sie sind groß gewachsen und von dunkler Hautfarbe, besitzen schmale dunkle Augen und stark hervortretende Backenknochen. Die Bekleidung hat durch ihr wechselhaftes Schicksal sehr viele Veränderungen erfahren. Man denke nur an die rigiden und uniformen Bekleidungsvorstellungen im China der fünfziger und sechziger Jahre unseres Jahrhunderts. Unverzichtbar und unverändert ist die Kopfbedeckung geblieben. Ein flaches, besticktes Käppchen, die Tjubeteika, wird direkt auf dem Haupthaar getragen. Darüber tragen Kirgisen allenfalls noch eine Filzmütze, gefüttert mit schwarzem Samt, die Krempe nach oben geschlagen. Frauen tragen immer ein meist buntes Kopftuch. Aber auch hier hat die Politik der letzten Jahre dazu geführt, daß die Männer von der Tradition abgegangen sind und auf eine den Machthabern genehme Kappe auswichen.

Seit dem 17. Jahrhundert ist der Islam die Religion der Kirgisen. Er verstand es am besten, alte Riten der Ahnenverehrung, den Glauben an Haus- und Naturgeister oder Praktiken der Schamanen zur Krankenheilung und Wahrsagung zu integrieren. Die Nähe der Seidenstraße und damit die Konfrontation mit anderen Kulturen führten dazu, daß es immer wieder andere Glaubensvorstellungen gab, in denen sich die Menschen aufgehoben fühlten. Immer galt die Verehrung den Kräften der Natur, denen man sich hilflos ausgeliefert sah, oder den Göttern jenseits des Sichtbaren, mit denen man durch Opfer- und Kulthandlungen in Verbindung zu treten suchte. Alle großen Weltreligionen haben in Zentralasien ihre Spuren hinterlassen und Länder und Menschen gründlich verändert. Aber auch die Religionsanfeindungen der letzten Jahrzehnte, wie sie in der Sowjetunion und in China betrieben wurden, konnten den Menschen ihren Glauben nicht nehmen.

Den Sommer über leben die Kirgisen auf ihren Hochweiden in Jurten, die hier Akoi genannt werden. In großem Kreise sind die Jurten mehrerer Familien aufgestellt, so daß eine kleine Siedlungsgemeinschaft entsteht. Dabei stehen die Jurten allein oder in unmittelbarer Rufweite zu einer anderen. Die Jurte wird aus ein bis zwei Meter hohen, aus Holzleisten gefertigten Scherengittern und Dachstangen, die über dem Mittelpunkt der Jurte in einem Dachkranz münden, gebaut. Damit ist diese Jurte etwas höher und einem Haus ähnlicher als sonst in Zentralasien üblich. Außen ist sie mit wasserabweisenden Filzbahnen bedeckt. Ebenso wie in der Mongolei wird auch hier bei der Filzherstellung besonders darauf geachtet, daß das in der Wolle befindliche Fett soweit wie möglich erhalten bleibt. Eine andere Art der Imprägnierung erübrigt sich damit. Der Jurtenkranz bleibt offen und dient als Rauchabzug. Die früher in der Jurte übliche offene Feuerstelle wurde überall durch einen kleinen, aus Blech gefertigten Herd ersetzt, das Abzugsrohr wird durch den Jurtenkranz geschoben. Es wird mit Dung geheizt, wobei für das Einsammeln der Tierexkremente ein kleines, aus Holz gefertigtes, einer langstieligen Schaufel ähnliches Gerät verwendet wird, das es erlaubt, die Dungstücke, ohne sich dabei bücken zu müssen, über den Kopf in den am Rücken mitgeführten Korb zu befördern. Der eingesammelte Dung wird ausgebreitet und an der Sonne getrocknet. Ist der Dunghaufen neben der Jurte groß genug, können die Bewohner den kalten Herbsttagen und den oft eisigen Sommernächten beruhigt entgegensehen. In diesen Höhen sind Tierexkremente als Brennmaterial nahezu unentbehrlich. Leicht entflammbare Materialien, beispielsweise Holz, verbrennen hier infolge des geringen Luftdrucks viel zu schnell. Dung glost nur, erzeugt aber dennoch die zum Kochen benötigte Hitze und füllt auch die Jurte mit wohliger Wärme.

Die Innenseite der kirgisischen Jurte wird nach Möglichkeit mit gewebten Matten oder mit Filzteppichen bedeckt. Der Boden wird mit besonders vielen Teppichen ausgelegt, so daß eine nicht nur überaus praktische, sondern auch wirklich gemütliche Behausung entsteht. Bei der Herstellung von Filzteppichen, einer den Frauen vorbehaltenen Tätigkeit, werden vor allem die Farben Rot und Blau verwendet. Die reichen Ornamente werden in Applikationstechnik aufgebracht. Hier ist es üblich, den Innenraum, durch Aufhängen von mobilen Raumteilern zu untergliedern. Für diese Raumteiler werden aus Schafwolle gefertigte Bahnen gewoben. Mehrere dieser Teile werden sodann auf die benötigte Breite zusammengenäht. Je nach Bedarf können so Arbeits- und Wohnraum voneinander getrennt werden. Immer ist ein kleiner Raum abgeteilt, in dem vor allem Lebensmittel zusammen mit anderen Gegenständen geordnet aufbewahrt werden können. Truhen, sehr oft mit chinesischen Motiven bemalt, vervollständigen die Einrichtung. Der Ledersack, in dem Kumiss – das Getränk aus vergorener Milch – aufbewahrt wird, ist ebenfalls im kleinen Lebensmittelabteil verborgen. Kumiss hat zwar einen geringen Alkoholanteil, wird aber dennoch nicht als alkoholisches Getränk angesehen, denn damit würde es unter die für Muslime verbotenen Alkoholika fallen. Obwohl die Kirgisen dem Islam sehr verbunden sind, verstehen sie es geschickt, religiöse Regeln, staatliche Vorschriften, Traditionen und eigene Bedürfnisse nebeneinander bestehen zu lassen.

Neben den Filzteppichen und den gewebten Matten wird noch eine Vielzahl von unterschiedlich breiten Bändern verwendet. Diese Bänder weisen die gleiche orientalische Ornamentik auf, wie sie auch auf den Teppichen zu finden ist. Bänder werden zum Schmücken des Eingangsbereiches, zum Einfassen von Stoffbahnen und Matten verwendet. Im Unterschied zu den mongolischen Jurten, wo in der Regel eine Holztüre und nur selten ein Teppich verwendet wird, lieben es Kirgisen, einen schönen Filzteppich vor den Eingang zu hängen. Der Teppich wird bei warmem Wetter aufgerollt. Darunter ist meistens noch eine Stoffbahn zu sehen.

Viele Arbeiten werden, wenn es das Wetter erlaubt, vor der Jurte verrichtet, zum Beispiel das tägliche Backen von Fladenbrot. Es wird, entweder gefüllt mit Käse oder ungefüllt, in einer eisernen Pfanne mit Deckel zubereitet. Die Pfanne mit dem Teig aus Weizenmehl wird auf einem Dungfeuer erhitzt, bis eine gewisse Konsistenz erreicht ist, sodann wird die Pfanne in die Glut gestellt, mit Glut bedeckt und der Backvorgang auf diese Weise vollendet. Das Brot, Nang, ist, neben Milchprodukten in verschiedenen Reifestadien, die Hauptnahrung des Sommers. Pilze, einige wild wachsende Gemüsepflanzen und ein wenig Fleisch vervollständigen den Speiseplan. Wie in anderen Nomadengesellschaften wird auch hier im Winter vor allem Fleisch und, bedingt durch das geringere Angebot, wenig Käse gegessen.

Zu jeder Jurte gehört ein kleiner Platz, der von brusthohen Steinmauern eingesäumt ist. Die Mauern sind aus losen Steinen zusammengefügt und so gestaltet, daß ein breiter offener Eingang entsteht. Es ist der Platz, auf dem gemolken wird. Außerdem finden hier Jungtiere bei einem Wettersturz Zuflucht. Nach dem morgendlichen Melken werden die Tiere zu den weit entfernten Weiden gebracht. Die Hirten, immer Männer und oft noch im jugendlichen Alter, sind zu Fuß unterwegs. Es werden vor allem Ziegen und Schafe, gelegentlich aber auch Yaks beziehungsweise eine Kreuzung aus Yak und Rind gehalten.

Pferde, sonst typisch für Kirgisen, sind hier seltener anzutreffen. Das Reit- und Tragetier der Pamir-Kirgisen ist der Esel oder das Muli, das Lasttier das Kamel. Werden mehrere Kamele zur Lastenbeförderung verwendet, sitzt der Besitzer in der Regel auf dem ersten Kamel, die anderen ordnen sich zu einer Karawane. Wie überall in Zentralasien handelt es sich um Trampeltiere der Gattung Camelus bactrianus.

Wenn die kalte Jahreszeit kommt und Schneefälle und Stürme zunehmen, ist ein weiterer Verbleib auf den Hochweiden unmöglich. Es findet vorerst ein Umzug auf tiefer gelegene Weiden statt. Noch einmal wird versucht, den Winter hinauszuzögern, aber es dauert nicht lange, und die Kirgisen müssen in ihre gemauerten Winterquartiere einziehen. Die Tiere begeben sich auf die Winterweiden, die den Sommer über geschont wurden und jetzt die Überlebensgrundlage bilden. Im Sommer wird üblicherweise ein bescheidener Futtervorrat angelegt, auf den aber nur in Notfällen zurückgegriffen wird. Ein Teil der Tiere wird verkauft, womit der verbleibenden Herde das Überleben während der harten Winterzeit gesichert wird.

Sowohl in der Jurtensiedlung als auch im Dorf ist Nachbarschaftshilfe eine Selbstverständlichkeit. Egal, ob es gilt, bei der Herdenhaltung des Nachbarn mitzuhelfen, einer in Not geratenen Familie beizustehen oder aber gemeinsam benützte Einrichtungen instand zu halten, immer hilft man einander. Normalerweise ist es der Älteste, der Alsakal, der Weißbärtige, wie es wörtlich übersetzt heißt, der Tätigkeiten koordiniert, den man auch um Hilfe bittet. Einer Aufforderung nach Hilfeleistung kann man sich nur schwer entziehen.

Eine zentrale Funktion in diesem System nimmt die Familie ein. In erster Linie ist sie Schutz und Vorsorge im Krankheitsfall sowie im Alter, sie bietet aber auch Hilfe und Unterstützung bei wirtschaftlichen Katastrophen. Sitten und Gebräuche, die sich bewährt haben, werden in der Familie gepflegt und weitergegeben.

Im Durchschnitt haben Eltern zwei bis vier Kinder. In China gilt üblicherweise das Prinzip der Einkindfamilie, nur Minderheiten, die unter besonders extremen Lebensbedingungen leben, dürfen mehrere Kinder haben. Zum Familienverband der Großfamilie zählen neben Kindern, Eltern und Großeltern auch alle, egal, aus welchem Grund, unversorgten Angehörigen. Haben weggezogene Kinder Reichtümer angehäuft oder eine wichtige Position eingenommen, ist es für sie selbstverständlich, der Familie oder der Gemeinschaft, aus der sie kommen, hilfreich zur Seite zu stehen.

Wird das eher gleichförmige Leben durch außergewöhnliche Ereignisse unterbrochen, nimmt selbstverständlich die gesamte Umwelt daran teil. So ist es eine alte Tradition, alle Leute der nächsten Umgebung am Fest der Beschneidung eines Knaben teilhaben zu lassen. Durch die Liberalisierung, die

Anfang der neunziger Jahre einsetzte und den staatlich verordneten Atheismus beendete, werden wieder mehr und mehr Knaben mit diesem Ritus konfrontiert. Aber auch Hochzeit und Geburt sind Feste, an denen alle Nachbarn und alle Freunde aus nah und fern teilnehmen.

Bei allen Festen wird ein Komuz, ein dreisaitiges, lautenähnliches schmales Musikinstrument mit langem Griffbrett, verwendet. Daneben stehen noch alle in der islamischen Kultur Zentralasiens üblichen Saiteninstrumente, Flöten und vor allem Trommeln wie etwa Nagora und Doira zur Verfügung. Es wird damit eine mündlich überlieferte Volksmusik gespielt, bei der es Zuhörer im eigentlichen Sinne nicht gibt, da alle durch Mitsingen, rhythmisches Klatschen oder Tanzbewegungen daran beteiligt sind.

Wenn eine von den Vätern initiierte Hochzeit stattgefunden hat, zieht die neue Schwiegertochter bei den Schwiegereltern ein und begibt sich in deren Obhut. Verheiratete Söhne und deren Kinder bleiben im Haushalt der Eltern oder stellen ihre Jurte neben die der Eltern. In der Familie kommt dem Vater höchste Verehrung zu. Er vertritt die Familie nach außen und tätigt alle Geschäfte. Die Mutter ist in der Jurte und im Haus die Bestimmende.

Durch den Jahrzehnte dauernden Druck, den die chinesischen Machthaber ausübten, ist das Verhältnis zwischen Kirgisen und Chinesen ein eher gespanntes. Es ist also kaum verwunderlich, daß es zwischen diesen Gruppen äußerst selten zu Eheschließungen kommt.

Der Muzthag Ata, 7546 Meter, beherrscht mit seinem mächtigen weißen Haupt und den riesigen Gletschern das Leben der kirgisischen Halbnomaden.

Oben: Kamele sind die Lasttiere der Kirgisen, geduldig warten sie vor der Jurte auf ihren Einsatz.
Links: Vor dem imposanten Hintergrund des Kunlun-Gebirges macht sich eine Karawane auf den Weg.

S. 115: Vor dem Eingang der Filzjurte hängt ein dicker Filzteppich, die einfachen Ornamente sind mittels Applikationstechnik aufgenäht.

S. 116/117: Mit einer Holzspindel wird die Wolle, die von den Kirgisen für den Eigenbedarf verwendet wird, gesponnen. Wann immer sie Zeit dafür erübrigen können, greifen die Frauen zur Spindel. Verwendet wird vor allem Schafwolle.

Käse in verschiedenen Reifestadien ist das Hauptnahrungsmittel im Sommer. Zwischen großen Steinen, die als Windschutz dienen, sorgt ein Dungfeuer für die nötige Hitze.

S. 119: Je nach weiterem Verwendungszweck der Wolle muß unterschiedlich dick gesponnen werden – dafür werden verschieden starke Holzspindeln verwendet. Nach dem Einfärben kann sofort mit dem Weben begonnen werden.

Viele Teppiche, Matten und Bänder müssen erzeugt werden, um eine Jurte behaglich einzurichten. Eine der vielen Tätigkeiten, die außerhalb der Jurte verrichtet werden, ist das Weben.

S. 121: Ob weiß oder bunt, von den Frauen werden stets Kopftücher getragen. Mit dem Tragen der Tjubetaika, dem flachen Käppchen der Männer, wird oft schon im frühesten Kindesalter begonnen.

S. 122/123: In einer gemütlichen und warmen Jurte, umgeben von schönen Matten und Teppichen, in den Schlaf gewiegt zu werden, ist ein schöner Lebensbeginn.

Die Kirgisenfamilie wird vom Vater, als Familienoberhaupt, dominiert. Er vertritt die Familie nach außen und erledigt alle Geschäfte.

Eine weiße, samtgefütterte Filzkappe mit aufgestellter Krempe wird über der Tjubetaika getragen.

Das Reich der kirgisischen Frauen ist die Jurte, dort herrschen sie. Aber es ist ein Reich voll mit Mühen und Plagen.

Tagsüber werden die prunkvollen Teppiche aufgerollt, schließlich braucht man Platz, um neue produzieren zu können. Bei der Gestaltung der Teppiche ist die Blume ein beliebtes Motiv.

Für die Beschaffung von Dingen, die nicht selbst hergestellt werden, muß oft ein weiter Weg in Kauf genommen werden. Das Reittier der Kirgisen ist der Esel oder das Muli.

SECHSTES KAPITEL

BROKPA

YAKNOMADEN IM OSTEN BHUTANS

Die unwegsamen Bergtäler Ostbhutans sind die Heimat der letzten halbnomadischen Yak- und Schafzüchter, genannt Brokpa. Ihr Name bedeutet Nomade oder Hirte. In ihrer Sprache und Kleidung unterscheiden sie sich vollkommen von anderen Einwohnern Bhutans. Die Brokpa sind tibetischer Abstammung und leben in einer Höhe von bis zu 3000 Metern in den abgelegenen Tälern von Sakteng und Merak. Besonders auffällig ist die Bekleidung der Männer. Sie tragen über ihren Stoffjacken Tierfelle von Wildziegen, was ihrem Aussehen eine gewisse Wildheit verleiht. Sie selbst erklären dies einerseits als Schutz gegen den Regen und die Kälte, andererseits auch als perfekte Tarnung für die Jagd, denn Hirsche und Wildschweine können die sich anpirschenden Jäger nicht als Menschen ausmachen. Ihre empfindliche Nase nimmt, bedingt durch die Felltarnung, in diesem Fall nur die Witterung eines Tieres auf. Frauen wie Männer tragen Filzmützen aus Yakhaaren mit fünf Zipfeln, die in dieser regnerischen und stürmischen Gegend als Regenrinnen dienen. Der Regen rinnt über die Zipfel bequem ab und wird so vom Gesicht weggeleitet. Schmuck findet man fast nur bei Frauen. Er besteht aus schwerem Silber und Türkisen. Frauen wie Männer tragen eingefaßte Türkise als Ohrringe.

Alle Kleidungsstücke werden, wie fast alle materiellen Güter der Brokpa, selbst erzeugt. Männer erkennt man an der chuba, einer wollenen, meist kastanienbraunen Jacke. Die traditionelle Bekleidung der Frauen wird shigkha genannt und besteht aus einer rohseidenen Jacke mit rundum gestreiften Applikationen sowie einem schwarzen Wolltuch, welches über dem Gesäß getragen wird. Tragtaschen werden aus Stoffen, für schwere Lasten aus Tierhäuten gefertigt und erweisen sich selbst bei extremster Beanspruchung als unverwüstlich.

Die Brokpa sind Halbnomaden. Im Sommer leben sie hoch oben in den Bergtälern in Häusern, die aus Stein und Lehm gebaut sind. Der Haupteingang eines jeden Brokpa-Steinhauses weist nach Osten. Diese Himmelsrichtung hat große Bedeutung für Gesundheit und Wohlstand, denn aus Osten kommen Licht und Lebensenergie. Die einfachen Schindeldächer werden durch schwere Steine befestigt. Den Winter verbringen sie in tiefer gelegenen Regionen in Zelten. Der Vegetationszyklus und die eisige Kälte während der Wintermonate machen die Wanderungsbewegungen der Brokpa notwendig. Deshalb migrieren die Brokpa mit ihrem gesamten Viehbestand und einem Minimum an notwendigen Dingen in tiefer gelegene Täler, wo sie den Winter überdauern. Der Winter ist die Zeit, in der sich die Brokpa intensiv mit dem Handel beschäftigen. Dabei wird der Überschuß an Milch- und Fleischprodukten, Tierfellen sowie Weizen gegen Reis, Mais und andere Güter eingetauscht.

Im April wird in den hohen Bergtälern Buchweizen angebaut. Die geduldigen Yaks werden als Zugtiere vor den Pflug gespannt und dabei von den Männern angetrieben. Die Brokpafrauen säen, jäten und ernten den Buchweizen. Während die Brokpafrauen auf den Feldern arbeiten, müssen die älteren Kinder auf ihre jüngeren Geschwister aufpassen. In der Wachstumsperiode im Sommer erwirtschaften die Brokpa alle lebensnotwendigen Produkte, die sie sowohl für ihre eigene Ernährung als auch für den Handel benötigen. Ihr ausgeklügeltes Weide- und Wirtschaftssystem hat es ihnen ermöglicht, in diesem Lebensraum seit Jahrhunderten zu überleben. Yaks werden von den Erwachsenen täglich auf höher gelegene Weiden getrieben. Nur Kinder begleiten die Yaks ihres Familienclans auf die umliegenden Weiden, damit sie sich nicht allzuweit vom Sommerlager wegbewegen. Die Arbeit der Hirten ist ebenso eintönig wie einfach, aber lebensnotwendig. Die einzig schwierige Entscheidung ist dabei, wohin die Herde an einem bestimmten Tag geführt werden soll. Gewöhnlich brechen die Hirten mit dem ersten Sonnenlicht auf und kehren erst bei Einbruch der Dunkelheit zurück. Auf den Hochweiden sind sie den ganzen Tag allein, haben weder warmes Essen noch sind sie gegen Stürme oder Regen geschützt.

Die Aufzucht der Herden erfolgt nach dem natürlichen Zuchtprinzip. Die Brokpa geben den Tieren maximale Freiheit, das beste verfügbare Weidegras und die Möglichkeit, sich ohne Einschränkung zu vermehren. In der Zeit des Werfens kommt dem Hirten auch nachts eine Aufgabe von großer Bedeutung zu. In dieser Zeit schläft der Hirte in den Pferchen der Yaks. Yaks sind für sie Kapital, und so achten sie auch nach der Geburt mit großer Sorgfalt auf die neugeborenen Jungtiere. Da die Brokpa keinen Futtervorrat besitzen, den sie an ihre Herden verteilen können, müssen die Tiere an allen Tagen im Jahr für ihr Futter selbst sorgen und dafür zu geeigneten Weiden gebracht werden. Die Herden liefern fast alle lebensnotwendigen Produkte: Haare und Wolle werden mit langzahnigen Kämmen aus dem Unterfell der Yaks gewonnen. Felle sind für Zelte und Kleidung bestimmt. Milch wird zu Butter und Käse verarbeitet. Aber auch Fleisch bildet einen wesentlichen Bestandteil ihrer Nahrung. Für die Wollgewinnung müssen die Yaks zunächst mühsam eingefangen und in Pferche getrieben werden, oder sie werden an den Beinen zusammengebunden in der Nähe des Lagers gehalten. Die Wolle der Yaks wird von den Frauen und Mädchen mit einer hölzernen Spindel, die sie meist bei sich tragen, gesponnen und dient hauptsächlich dem Eigengebrauch. Aus der so gewonnenen Wolle werden die Gewänder der Brokpa erzeugt. Kunstvoll werden mit dem Rückenwebstuhl Stoffbahnen gewebt, mit Applikationen versehen und zusammengenäht.

Der Yak dient den Brokpa zum Transportieren von schweren und sperrigen Gütern, für die Übersiedlung vom Sommer- ins Winterlager oder als Lasttier in einer Handelskarawane in Richtung Tibet oder Indien. Er ist unempfindlich gegen Schnee und Kälte und hat keine Mühe, hohe Pässe zu überqueren, denn das ist seine eigentliche Stärke. Die waldbedeckten Südhänge des Himalaja liefern den Brokpa genügend Brennholz, so daß auf das Sammeln von Yakdung meist verzichtet werden kann.

Die Jagd ist eine wichtige Ergänzung zur Nomadenwirtschaft. In den Bergen Ostbhutans gibt es genug Wild, das eine perfekte Bereicherung des kargen Speiseplans darstellt. Die Felle der erlegten Wildtiere dienen vor allem Männern und Kindern als Bekleidung. Meistens werden sie zu einfachen Westen verarbeitet. Die Jagd wird dadurch erschwert, daß den Brokpamännern nur veraltete Gewehre zur Verfügung stehen. Ohne ihre Jagdhunde hätten sie keine Chance, eine Beute zu erlegen. Vor allem bei der Jagd auf kleinere Tiere sind die Hunde unentbehrlich.

Das Gesellschaftssystem der Brokpa ist auf Kooperation und nicht auf Konkurrenz aufgebaut. Daraus erklärt sich, warum die Brokpa ihr karges Leben in Freiheit dem Wohlstand vorziehen, den ihnen westlicher Konsum bieten könnte. Einer der grundlegenden Charakterzüge der Brokpa ist zweifellos ihre Genügsamkeit – eine notwendige Überlebensstrategie, um in ihrer kargen Umwelt bestehen zu können.

Die Dörfer der Brokpa, Sakteng und Merak, werden von Oberhäuptern geführt, zu deren Aufgaben neben der Wahrnehmung der Führungsaufgabe auch die Rechtsprechung bei kleineren Streitigkeiten und anderen Anliegen gehört. Viel ist über die Brokpa bis zum heutigen Zeitpunkt nicht bekannt, denn sie leben in einem von der bhutanischen Regierung zum Sperrgebiet erklärten Gebiet. Reisende, aber auch Wissenschaftler haben seit einigen Jahren keine Chance mehr, dieses Gebiet betreten zu können. Auch die Autoren konnten mehrmals nur bis an den Rand des Siedlungsgebietes der Brokpa vordringen. Um die Menschen von modernen Einflüssen fernzuhalten, schließt die bhutanische Regierung das Siedlungsgebiet der Brokpa hermetisch für Fremde ab.

Die Sprache der Brokpa, die sich von der bhutanischen sehr stark unterscheidet, gehört zur tibeto-birmanischen Sprachgruppe. Die Brokpa sind dem Lamaismus, einer Mischung aus Buddhismus und volksreligiösen Vorstellungen, zugehörig. In ihrem Glauben leben aber auch vorbuddhistische Relikte sowie örtliche Kulte und Traditionen weiter, die vielfach nur äußerlich dem Lamaismus angepaßt wurden. So glauben die Brokpa, ihre Welt sei von guten und bösen Kräften umgeben. Aus diesem Grund werden Riten zur Versöhnung, zur Sicherung von Glück und Wohlstand, aber auch gegen Tod und Krankheit durchgeführt. Jedes Haus besitzt einen kleinen Altar, an dem die Gottheiten des Hauses und des Herdes wachen. An den Dachvorsprüngen hängen Ehrerbietungen für Drukpa Kunley, den heiligen Narren der Drukpa-Kagyupa-Schule. Er ist zweifelsohne die populärste Figur der bhutanischen Geschichte, und jedem Brokpa sind seine Abenteuer bekannt.

Der Besuch des Marktes in Tashigang bietet für die Brokpa eine lebensnotwendige Abwechslung. Hier tauschen sie ihren Überschuß an Wolle, Fleisch und Milchprodukten gegen Gerste, Tee und Reis. Um nach Tashigang zu gelangen, müssen sie eine beschwerliche Reise von drei bis vier Tagen auf sich nehmen. Straßen sind in Ostbhutan rar. Zu den Dörfern führen nur Pfade. Alle Lasten müssen von den Menschen am Rücken transportiert werden, denn die Yaks vertragen die Hitze, die in den Tälern um Tashigang während der Sommermonate vorherrscht, nicht. Im Winter ist das Leben der Brokpa ein wenig leichter. Sie leben in ihren Jurten in den Tälern Tashigangs und können in dieser Zeit auch die Yaks als Lasttiere für den Marktbesuch nutzen. Ab und zu besuchen die Brokpa auch Märkte in Tibet, wofür sie die Himalajakette überqueren und zwei bis drei Wochen unterwegs sein müssen.

Durch den Tauschhandel mit Tibet gelangen die Brokpa in den Besitz des für Mensch und Tier begehrten Salzes. Die Brokpa kennen jedes Tal und jeden Bergrücken, und die langen Reisen sind für sie zur Selbstverständlichkeit geworden. Ein Reisender, der mit dieser Gegend nicht vertraut ist, verliert sehr leicht die Orientierung. Grenzen bestehen für die Brokpa nicht. Es sind die Berge, in denen sie aufgewachsen sind, und diese lassen sie sich nicht durch Grenzlinien durchtrennen. Der lebensnotwendige Güteraustausch wird von den Regierungen geduldet, außerdem ist eine Kontrolle letztendlich nur sehr schwer möglich.

Die Ehe als Form des Zusammenlebens ist bei den Brokpa keine heilige Institution, sondern wird von wirtschaftlichen Beweggründen bestimmt. Die Polyandrie, bei der mehrere Brüder eine Frau teilen und mit ihr im selben Haushalt leben, wird der Monogamie vorgezogen. Aber auch die Polygynie, bei der mehrere Schwestern mit einem Mann verheiratet sind, wird akzeptiert. Dies kommt meist nur in Familien vor, in denen es nur Töchter und keine Söhne gibt. Der Hauptgrund für die Polyandrie liegt im Interesse an Gemeingut und Gemeinland der Familie. Diese sollen durch eine Heirat nicht geteilt werden, denn dadurch wäre das wirtschaftliche Überleben des Familienclans nicht mehr gesichert. Bevorzugt wird die Polyandrie, denn in einem Haushalt mit vielen Männern müssen im Bedarfsfall, wie zum Beispiel für die Buchweizenernte, keine zusätzlichen Arbeitskräfte angeheuert werden. Während die Frauen ihren traditionellen Tätigkeiten in Haushalt, Kindererziehung, Weberei und bei der Feldarbeit nachkommen, können ihre Männer die übrigen Arbeitsbereiche teilen. Einer übernimmt die Aufsicht über die Herde, der andere kümmert sich um den Handel, und der dritte versucht, den Speiseplan der Familie durch sein Jagdglück aufzuwerten.

Heiratsarrangements werden von den Eltern der Braut und des Bräutigams getroffen. Dabei bestimmt der Dorfastrologe den Tag des Besuchs der Eltern der Söhne bei den Eltern der Braut. Wird dabei der in Bambusbehältern mitgebrachte Arrak-Schnaps von den Brauteltern angenommen, gilt der Ehekontrakt als besiegelt. Die zu Verheiratenden werden bei diesem ersten Schritt nicht mit einbezogen, sondern erst beim zweiten Treffen sind die zukünftigen Bräutigame und die Braut anwesend. Es wird zusammen getrunken und getanzt. Weigert sich die Braut, die Männer anzunehmen, so kann die Familie durch Offerierung der doppelten Menge an Arrak die Vereinbarung wieder lösen. Andernfalls gilt der Vertrag, und ein Heiratsdatum wird gemeinsam fixiert. Von der Braut wird am Hochzeitstag erwartet, daß sie traurig das Haus ihrer Eltern verläßt und tränenüberströmt in das Haus ihrer Ehemänner zieht. Für jede Braut muß ein sogenannter Brautpreis gezahlt werden. Die Höhe wird durch den Wohlstand ihrer Familie bestimmt. Im Durchschnitt entspricht der Brautpreis zwei bis drei ausgewachsenen Yaks. Aber nicht alle Hochzeiten bei den Brokpa werden durch die Eltern arrangiert. Bei den jüngeren Brokpa sind durchaus auch Liebesheiraten üblich. Das heiratsfähige Alter liegt traditionell zwischen 15 und 25 Jahren.

Brokpamänner und -frauen haben den gleichen sozialen Status, und auch ihre Verantwortung für die Familie ist äquivalent. Da die Aufgabe der Männer das Hüten der Yaks auf höher gelegenen Weiden beinhaltet, werden die meisten öffentlichen Versammlungen von Frauen abgehalten. Brokpafrauen sind auch in allen öffentlichen, politischen sowie religiösen Belangen und Fragen den Männern gegenüber gleichberechtigt.

Traditionsgemäß findet kein soziales Ereignis ohne den Genuß von Arrak statt. Der Alkoholkonsum der Brokpa ist im Vergleich zu anderen nomadisierenden Stämmen dementsprechend hoch. Manche Brokpa behaupten auch, sie könnten viel besser arbeiten, wenn sie ein paar Schlucke Arrak zu sich genommen haben. Jugendliche Brokpa veranstalten eigene Trinkfeste, welche die ganze Nacht dauern können. Dieses Verhalten soll aber nicht darüber hinwegtäuschen, daß die Brokpa ein friedvolles Nomadenleben führen.

Bemerkenswert ist auch die Geschichte des Ursprungs der Brokpa. Im Gegensatz zu vielen anderen Nomadenstämmen Asiens, die ihre Traditionen nur mündlich von einer Generation zur anderen überlieferten, besitzen die

Brokpa ein schriftliches Dokument, das ihre Herkunft beschreibt. Diese historische Aufzeichnung wird Jomos Namthar genannt. Es beschreibt autobiographisch das Leben, vor allem das religiöse Leben der zwei Urahnen, Lady Jomo und Lama Jarappa, welche sich in Bhutan ansiedelten und was ihnen dabei alles passierte. Unzählige Geschichten der beiden werden in jedem Haus erzählt. Jeden Sommer an einem bestimmten Tag treffen sich alle Brokpa der ganzen Region an einem Berg, von dem sie glauben, daß hier Lady Jomo wohnt. Ein Anlaß dafür sind die Feierlichkeiten zur ersten Niederlassung in Bhutan. Der Hauptgrund für das Treffen aber ist, Lady Jomo für ein weiteres Jahr um Schutz für die Herde sowie um Fruchtbarkeit und Gesundheit für alle Brokpa zu bitten. Feierlichkeiten und Spiele bestimmen den Ablauf dieses Tages.

Bis heute zählen die Brokpa zu den am wenigsten erforschten Nomaden Zentralasiens. Von wenigen Ausnahmen abgesehen, bestehen keinerlei Kontakte der Brokpa zur sogenannten Zivilisation. Ihren alten Traditionen treu geblieben, führen die Brokpa bis zum heutigen Tag noch das Leben ihrer Vorväter.

Die Brokpa sind Halbnomaden tibetischer Abstammung und unterscheiden sich sowohl äußerlich als auch sprachlich von anderen Einwohnern Bhutans.

Kinder und Jugendliche hüten auf den umliegenden Weiden Tag für Tag die Yaks ihres Familienclans. Schon in frühester Kindheit lernen sie, Verantwortung zu übernehmen.

S. 138: In großen handgewebten Tragetüchern werden Kinder zu allen Tätigkeiten mitgenommen. Sie sind sowohl bei der Feldarbeit als auch bei jedem Marktbesuch dabei.

S. 140/141: Die Filzmützen aus Yakhaar mit fünf Zipfeln dienen dazu, den Regen vom Gesicht abzuleiten.

Männer und Frauen haben den gleichen sozialen Status in der Brokpagesellschaft. Auch ihre Verantwortung für die Familie ist äquivalent. Brokpafrauen sind in allen öffentlichen, politischen sowie religiösen Belangen ihren Männern gleichgestellt.

Nächste Seiten: Das traditionelle Bekleidungsstück der Frauen ist die shigkha, eine rohseidene Jacke mit rundum gestreiften Applikationen. Silberarmreifen sowie Halsketten aus Korallen und Türkisen zeigen den Reichtum einer Brokpafamilie und werden mit Stolz getragen. Über ihre Stoffjacken tragen Brokpamänner Tierfelle von Wildziegen, was ihrem Aussehen eine gewisse Wildheit verleiht.

Ein Brokpa zieht beladen mit einem Fellsack voll Yakbutter nach Tashigang, um sie am Markt zu verkaufen. Selbst bei extremer Belastung erweisen sich die Fellsäcke als unverwüstlich.

S. 147: Die einzelnen Dörfer sind nur durch Pfade miteinander verbunden. Alle Lasten müssen am Rücken der Menschen transportiert werden.

Die Alten genießen in der Brokpagesellschaft großes Ansehen. In schwierigen Situationen werden sie um Rat gefragt, und ihre Weisungen werden unumstritten angenommen. Dorfoberhäupter haben neben der Führungsaufgabe auch die Rechtssprechung für kleinere Angelegenheiten über.

S. 148: Brokpamänner erkennt man an ihren traditionellen wollenen Jacken, chuba genannt. Beliebt sind bei den Männern auch eingefaßte Türkise als Ohrringe.

S. 150/151: Heiratsarrangements werden von den Eltern des Bräutigams und der Braut getroffen. In letzter Zeit werden aber auch zunehmend mehr Liebesheiraten geschlossen. Das heiratsfähige Alter liegt traditionell zwischen 15 und 25 Jahren.

DIE LETZTEN NOMADEN?

HIRTENVÖLKER ZENTRALASIENS IM WANDEL DER ZEIT

Das Versetzen der politischen Grenzen, meistens willkürlich von den jeweiligen Machthabern durchgeführt, bedeutete immer eine Einschränkung der Bewegungsfreiheit, war mit Unterdrückung und mit Repressalien für die freiheitsliebenden Nomaden verbunden und hat schließlich auch dazu geführt, daß das Nomadentum als Lebensform mehr und mehr zurückgedrängt wurde.

Die Tsaatan hatten immer das Problem, mit den Grenzbewachern der beiden Staaten Mongolei und Rußland auskommen zu müssen, verläuft doch die Grenze durch die Mitte ihres Weidegebietes. Zu oft werden Nomaden von der Soldateska unter Druck gesetzt, daran gehindert, verschwundene Tiere zu suchen oder gute Weideplätze zu benützen. Viele Tsaatan haben daher unter dem Zwang der Umstände resigniert, sind in eine Stadt gezogen oder wurden Mitarbeiter einer russischen Kolchose. Die Tsaatan, deren Orientierung in Richtung Mongolei ging, wurden einem Hirtenkollektiv, negtel, zugeordnet, dem Herzstück des marxistisch-leninistischen Sozialismus. Diesem System hatten sich auch die Dsachtschin und Dörvöt unterzuordnen. Alle erzeugten Produkte mußten, nach den Kriterien der Planwirtschaft, dem Kollektiv abgeliefert werden, dem die Nomadenfamilie angehörte. Alle benötigten Waren konnten nur von dort bezogen werden. 1990 wurde erstmals eine demokratische Regierung gewählt und die Hinwendung zum marktwirtschaftlichen System vollzogen. Die meisten negtel wurden in private Aktiengesellschaften umgewandelt. Manche Nomaden zogen es vor, wieder eigenständig zu wirtschaften, andere versuchten beides zu verbinden. Das Staatsoberhaupt der Mongolei, Otschirbat, sagte dazu in einer Versammlung von negtel-Delegierten: „Die Nomaden waren seit Jahrhunderten das Rückgrat dieses Landes und werden es auch in Zukunft sein, denn sie erhalten die Kultur und Tradition der Mongolen", und er sprach damit allen Mongolen aus dem Herzen.

Der Umbruch, den Tibet mit der Invasion der chinesischen Truppen im Jahr 1950 erlebte, hätte nicht ärger ausfallen können. Die neuen Machthaber hatten nur Verachtung für die traditionellen Lebensformen und die kulturellen Werte. Für die Chinesen war alles rückständig, minderwertig und primitiv, eine Einstellung, mit der die alte herrschende Klasse das Volk unterdrückt. Nach der Okkupation konnten die Nomaden vorerst ihr Eigentum behalten, die Besitztümer der Klöster und der Adeligen wurden unter den Tibetern der untersten Schichte aufgeteilt. Wann und wo geweidet werden sollte, konnte vorerst noch frei entschieden werden. Als 1966 in China, vor allem aber in Tibet, die sogenannte Kulturrevolution begann, gerieten die Nomaden, auch in den entlegensten Gegenden, stark unter Druck. Es begann eine gnadenlose Zerstörung aller alten Werte. Religiöse Handlungen, traditionelle Lebensformen, alte Sitten und Bräuche wurden verboten, von den weit mehr als 4000 religiösen Orten und Klöstern blieben kaum 100 verschont. Ein Kommunensystem wurde eingeführt, Privatbesitz verboten. Alle Nomaden hatten ausschließlich die von der Kommune bestimmten Tätigkeiten auszuführen. Damit waren sie tatsächlich eine ausgebeutete Unterschicht geworden. Wirtschaftliche Experimente wie die Anpflanzung von neuen Getreidesorten schlugen ebenso fehl wie der aberwitzige Versuch, Nomaden in Betonbaracken seßhaft zu machen. Diese Maßnahmen führten zu zahllosen Hungersnöten, die Überweidungen und der rücksichtslose Umgang mit der Natur zu irreparablen Schäden. 1976 wurde die Kulturrevolution von den Nachfolgern Mao Tse Tungs und der sogenannten Viererbande verdammt, die Kommunen wurden aufgelöst, die Tiere unter den Mitgliedern gleichmäßig aufgeteilt. Aus der Kommune wurde ein shang, eine Behörde, die Entscheidungen der Regierung weitergibt, lokale Probleme löst und verschiedenste Informationen der übergeordneten Stelle meldet. Seit 1980 gibt es eine zögernde Liberalisierung, die die Ausübung religiöser Praktiken und traditioneller Bräuche im privaten Bereich in sehr bescheidenem Umfang gestattet. In den letzten Jahren hat die chinesische Regierung ein Programm erarbeitet, das die traditionelle Praxis wieder in Frage stellt. Neue Tierarten und moderne Methoden der Viehwirtschaft sollen das seit Jahrhunderten Bewährte ersetzen. Diesmal sehen die Nomaden ihre Zukunft durch den bedingungslosen Einsatz neuer Technologien bedroht.

Ähnlich ist die Situation der kirgisischen Nomaden. Auch hier wird durch den Einsatz neuer Technologien versucht, die alte Lebensform zu verändern. Tourismus und der starke Handelsverkehr auf der Straße über den Khunjerab-Paß tragen das Ihre dazu bei, den Lebensraum einzuengen. Der Mittelpunkt des Lebensinteresses verlagert sich immer mehr in den dörflichen Bereich, eine Entwicklung, die von der chinesischen Regierung unterstützt wird. Die Kirgisen versuchen immer häufiger im Tourismusbereich Geschäfte zu machen, vermieten ihre Kamele als Tragtiere an Bergsteigerexpeditionen oder an Touristen, die einmal auf einem Kamel sitzen wollen, oder sie erzeugen und verkaufen Souvenirs.

Die Brokpa können der Zukunft in Ruhe und Frieden entgegensehen – derzeit jedenfalls. In Bhutan wird von der Regierung unter König Jigme Syngye Wangchuk versucht, die alten Lebensformen zu erhalten. Neue Gebäude müssen im alten Stil errichtet werden. Moderne Baumaterialien sind erlaubt, müssen aber unsichtbar bleiben. Jeder Einwohner Bhutans hat die traditionelle Kleidung zu tragen, moderne westliche Kleidung darf nur innerhalb der eigenen vier Wände benützt werden. Vorschriften dieser Art gibt es für alle Lebensbereiche. Was Bhutaner, die in Städten wohnen, oft als Zwang und Rückschrittlichkeit spüren, gibt den Nomaden, die in der Abgeschiedenheit der Bergtäler leben, ein Gefühl der Beständigkeit, des Nichtausgeschlossenseins, da sich durch diese Maßnahmen die Welt scheinbar nur ganz langsam verändert. Großgrundbesitz wird durch die gesetzliche Beschränkung auf höchstens zehn Hektar je Familie vermieden. Um die negativen Auswirkungen des Massentourismus zu vermeiden, wird nur eine beschränkte Anzahl von Visa ausgestellt – derzeit etwa 4000 pro Jahr. Bhutan hat vorbildliche Umweltstandards. Großflächige Abholzungen werden ebensowenig toleriert wie Überweidung durch zu große Viehbestände. Mensch und Tier leben im Einklang mit der Natur nach den alten Traditionen.

DANKSAGUNG

Während der letzten acht Jahre unserer Reisetätigkeit quer durch Zentralasien begegneten wir vielen bemerkenswerten Menschen, die uns und unsere Arbeit geprägt haben. Unser Dank gilt ihrer Hilfsbereitschaft und ihrer Freundschaft, die sie uns zuteil werden ließen.

Besonders bedanken möchten wir uns bei unserem tibetischen Freund Tenzing Yugal, der des öfteren Unmögliches möglich machte und Reisegenehmigungen für viele Sperrgebiete organisierte. Weiters bei unserer mongolischen Reisebegleiterin, die uns den Zugang zu schamanischen Ritualen ermöglichte und maßgeblich an Übersetzungen mithalf. Danken möchten wir auch Zhang Hong Xia, die uns mit viel Einfühlungsvermögen sicheren Schrittes durch den unwegsamen Pamir führte.

Vor allem aber möchten wir uns für die Gastfreundschaft der vielen Nomadenstämme Zentralasiens bedanken, bei denen wir die letzten Jahre verbrachten haben und die uns die wesentlichsten Dinge im Leben lehrten.

Die harten Umweltbedingungen auf der Expeditionsroute stellten an den Fotografen und die Ausrüstung höchste Anforderungen. Extreme Luftfeuchtigkeit, Sand und Wind behinderten teilweise die Arbeit empfindlich.

Alle Bildmotive in diesem Buch wurden mit Nikon F4-, F3- und FE2-Kameras sowie mit einer Mamiya M6 Mittelformatkamera aufgenommen. Als Filmmaterial kamen ausschließlich Fuji Professional Filme mit 50 ASA zum Einsatz.

Dieses Buch ist allen Nomaden Zentralasiens gewidmet.

Lebensräume der letzten Nomaden